Vera Pein
mit Shirley Michaela Seul

60 Mal Mama

Wie ich als Pflegemutter erkannte, was Kinderseelen brauchen

Besuchen Sie uns im Internet:
www.knaur.de

Originalausgabe November 2019
Knaur Taschenbuch
© 2019 Knaur Verlag
Ein Imprint der Verlagsgruppe
Droemer Knaur GmbH & Co. KG, München
Alle Rechte vorbehalten. Das Werk darf – auch teilweise – nur mit
Genehmigung des Verlags wiedergegeben werden.
Redaktion: Ulrike Gallwitz
Covergestaltung: Isabella Materne, München
Coverabbildung: Kinder: Shutterstock.com/Rawpixel.com,
Foto der Autorin: privat
Satz: Adobe InDesign im Verlag
Druck und Bindung: GGP Media GmbH, Pößneck
ISBN 978-3-426-21468-8

2   4   5   3   1

Für alle meine Kinder

*Ich habe die Lebensgeschichten meiner Kinder so verändert,
dass sie geschützt bleiben. Ich habe Namen, Orte,
manchmal das Geschlecht eines Kindes und
einige Umstände verändert.
Doch das ändert nichts an ihren Schicksalen.*

Inhalt

Prolog:
Geburtstag

An meinem sechzigsten Geburtstag waren viele meiner Kinder zu Besuch. Sie brachten Freunde und Freundinnen, Familie und Kinder mit, und es wurde ziemlich eng, obwohl ich auf einem alten Bauernhof mit großem Garten lebe. Irgendwann geschah ein Wunder: Ich hatte fünf Minuten für mich allein. Draußen im Garten schaute ich in den Sternenhimmel. Ich denke dabei oft an Kinder. Manche leuchten hell, andere dunkler, viele sieht man kaum. Ich schaue immer ganz tief in den Himmel hinein, weil ich auch die sehen will, die man eigentlich nicht sieht.

Da stellte sich jemand neben mich. In der Finsternis konnte ich nicht erkennen, wer es war. Doch ich spürte sie – Christl, meine beste Freundin seit einem Vierteljahrhundert.

»Wie viele Kinder sind es eigentlich gewesen im Lauf der Jahre?«, fragte sie mich.

»Ich weiß es nicht«, sagte ich.

»Überleg doch mal!«

»Ist das jetzt der Gedächtnistest zum Geburtstag?«, schmunzelte ich und fing dann doch an nachzudenken. Meine Erinnerungen beschäftigten mich bis zum nächsten Tag. Am Ende stellte ich verblüfft fest, dass ich genauso vielen Kindern ins Leben helfen durfte, wie mein Leben Jahre zählte.

Und da beschloss ich, mit dem Zählen aufzuhören.

Mutter und eine Zahl, das verträgt sich nicht. Mutter, Mama, Mutti, Mami, auch Oma und Omi ... das ist ... ein Lebensgefühl. Ein Stück Erde, auf dem wir stehen. Fest? Wacklig? Sicher? Ängstlich? Verbunden? Einsam? Zuversichtlich? Unsere Herkunft können wir uns nicht aussuchen, doch wer als Kind das Glück hatte, kräftige Wurzeln auszubilden, der hat es später leichter im Leben.

Wurzeln:
Woher wir kommen,
weist, wohin wir gehen

Alles beginnt bei den Eltern. Wir sind ja nicht nur Mutter und Vater, jeder ist auch Tochter oder Sohn. Ich habe meine Eltern sehr geliebt und bin ihnen dankbar für den guten Boden, in dem meine Wurzeln wachsen durften.

Heute wird viel über die Bedeutung der Gene diskutiert. Mancherorts liest man, Erziehung würde total überschätzt, im Grunde könnten Eltern kaum etwas bewirken. Schon gar nicht nach den ersten drei Lebensjahren, in denen achtzig Prozent der Prägung stattfinden. Das sehe ich anders. Ich bin eine Praktikerin, keine Wissenschaftlerin, und wenn ich eines weiß, dann ... was Kinderseelen brauchen. Zwanzig Prozent sind eine gute Ausgangssituation! So wie zwischen Pflastersteinen Blumen und sogar Bäume wachsen, kann auch ein älteres Kind noch Wurzeln ausbilden, sich zum Licht strecken. Es ist natürlich viel schwieriger und auch anstrengend, etwas nachzuholen, was zur rechten Zeit versäumt wurde. Doch es ist möglich, sogar im Erwachsenenalter. Die aktuelle Altersforschung hat belegt, dass wir uns bis ins hohe Alter verändern können, selbst wenn unsere Flügel in der Kindheit beschnitten wurden. Sie können nachwachsen, »nachreifen« nennt dies die Wissenschaft.

Die ältesten meiner Kinder lernte ich in ihrer Pubertät kennen. Aber oft kamen sie im Vorschulalter zu mir, manche blieben bis zur Volljährigkeit oder darüber hinaus. Egal, wer da vor der Tür steht, welchen Rucksack an Problemen das Kind mitbringt, wie viel Kummer und Tränen in dem Menschlein stecken – es ist mir eine Freude, dass es da ist. Dass ich die Chance habe, ihm und ihr zu zeigen, dass das Leben auch schön sein kann. Niemals würde ich ein Kind »abschreiben«, dazu habe ich zu viele kleine und große Wunder erlebt. Sie geschehen allerdings nicht über Nacht. Kinder brauchen Konstanz und Verlässlichkeit – Werte, an denen es immer mehr mangelt. Bei mir »landen« nur die schlimmsten Fälle. Leider muss ich feststellen, dass die Interpretation des Wortes »schlimm« sich drastisch verändert hat. Kinder müssen heute deutlich mehr aushalten als vor zehn, zwanzig Jahren, bis das Jugendamt eingreift. Pflegekinder, die ich seinerzeit aufpäppelte, würden heute oft bei ihren Familien belassen werden. Es ist so wie mit der Schadstoffbelastung: Anstatt den Missstand zu beseitigen, werden die Grenzwerte erhöht.

Ohne meine Eltern und das liebevolle Nest, das sie mir bereiteten, hätte ich nicht so viele Kinder auffangen können. Man gibt weiter, was man erfahren hat, im Guten wie im Schlechten. Es war mir schon früh klar, dass ich Kinder haben wollte. Aber ich dachte natürlich nur an eigene, sie gehörten für mich einfach zum Leben dazu. Ich wünschte mir auch ein Haus auf dem Land mit einem großen Garten, idealerweise im Süden, und war überglücklich und dankbar, als mein Wunsch Wirklichkeit wurde, weil ich mich in einen Italiener verliebte. Zwölf Jahre lang lebte ich in der Emilia Romagna, pflanzte Gemüse an, hielt Hühner und wurde Mutter von zwei Kindern. Ja, ich konnte sogar meinen Traum vom Mehrgenerationenhaus verwirklichen, indem ich meine Eltern, die ein bisschen gebrechlich geworden waren, zu mir holte. Wir freuten uns sehr auf eine gemeinsame Zukunft in diesem schönen Land. Doch das Glück währte nur kurz; neun Tage nach dem Umzug nach Italien erlitt mein Vater seinen ersten Schlaganfall, bald darauf erkrankte meine Mutter an Krebs. Die Beziehung mit meinem Mann hatte davor schon gekriselt, an der »Belastung« durch meine Eltern zerbrach sie endgültig. Es war eine Selbstverständlichkeit für mich und ein Herzensanliegen, dass ich mich um sie kümmerte. Sie haben mir das Leben geschenkt, mich großgezogen und mir so viel Gutes mit auf meinen Weg gegeben.

Ich war also 34 Jahre alt, frisch getrennt, meine Kinder waren sieben Jahre und sieben Monate alt. Neuanfang? Wo? Meine Eltern wünschten sich eine Rückkehr ins Umland von München, dort bin ich groß geworden. Doch in dieser beliebten Region eine Wohnung zu finden, schien aussichtslos. Zwei kranke Alte, zwei Kinder, zwei Hunde, zwei Katzen, keine gesicherte finanzielle Basis. Aber ich hatte ja nicht nur meine Familie, es gab auch meinen wunderbaren Freundeskreis in der alten Heimat. Ich habe meine Freundschaften immer gepflegt, auch weil ich als Einzelkind keine große Familie hatte; meine Großeltern waren alle verstorben.

Meine Freunde sind mir genauso wichtig wie meine Familie, allerdings habe ich im Lauf der Jahre immer wieder erfahren, dass viel Wahres in dem Spruch »Blut ist dicker als Wasser« steckt. Manche meiner Pflegekinder wurden von ihren Eltern entsetzlich vernachlässigt, sie erlitten körperliche und seelische Gewalt. Und doch sehnten sie sich nach ihnen, fühlten sich ihnen zugehörig, zeichneten Bilder von Mama und Papa und sich selbst in einem Haus, an einem Tisch, im Grünen. Wollten heim, sogar in eine Hölle, Hauptsache, zu Mama und Papa. Und träumten davon, dass alles gut werden würde. Wenn sie sich mehr anstrengten. Wenn sie braver würden. Denn es lag doch an ihnen. Kinder geben sich oft die Schuld, wenn Erwachsene ihnen wehtun.

Nach langer Suche, einem unglaublichen Zufall und einer Riesenportion Glück fand ich ein kleines Bauernhaus, dreißig Kilometer von München entfernt. Leider ziemlich renovierungsbedürftig und von oben bis unten voller Gerümpel. Der erste Stock war seit Jahren nicht mehr betreten worden, da die Besitzerin nur noch im Erdgeschoss gewohnt hatte. Ich war gleichzeitig überglücklich und verzweifelt. Glücklich, weil wir eine Bleibe gefunden hatten, verzweifelt, weil ich nicht wusste, wie ich sie wohnlich gestalten sollte, da mich die Betreuung meiner Eltern und Kinder von morgens bis abends auf Trab hielt. Für Handwerker hatte ich kein Geld.

»Gib mir mal den Hausschlüssel, ich schau mir das an«, sagte Benno aus München, Ex-Freund einer Freundin und handwerklicher Allrounder. Hinter meinem Rücken übernahm er die Regie, organisierte mit anderen Freunden weitere Helferinnen und Helfer, die ich zum Teil kaum kannte. Und so kam es, dass ich sechs Wochen später fassungslos in unserem neuen Zuhause stand. Einen Moment lang glaubte ich, ich hätte mich in der Tür geirrt. Das war nicht mehr die dunkle, heruntergekommene Hütte voller Gerümpel, die ich besichtigt hatte. Alles war leer und hell und sauber. Meine lieben Freunde hatten nicht bloß alle Räume entrümpelt, gestrichen und geputzt, sondern auch kleinere Reparaturen durchgeführt – ja sogar selbst genähte blau-weiß karierte Vorhänge hingen am Badezimmerfenster. In der Küche begrüßte mich ein großes Plakat »Herzlich willkommen daheim«, und der Kühlschrank, der außer den frisch bezogenen Matratzen das einzige Möbelstück im Haus war, summte freundlich. Neugierig öffnete ich ihn – Milch, Eier, Wurst, Käse, Brot. Da war es um meine Fassung geschehen. Ich hockte mich neben den Kühlschrank und heulte. Auf der Treppenstufe zum ersten Stock saß meine Tochter Gioia und heulte auch. »Eins sag ich dir!«, ließ sie mich wissen. »Ich gehöre nicht hierher. Wenn ich groß bin, gehe ich zurück nach Italien. Ich will zu Papa. Können wir ihn anrufen? Wo gibt es hier eine Telefonzelle? Wahrscheinlich haben die so was gar nicht in dem Kaff.«

Die Telefonzelle war nicht das Problem, sondern der Vater. Er wollte nichts von uns wissen. Egal, was ich versuchte, er reagierte nicht auf Briefe und Fotos seiner Kinder und später auch nicht auf Schreiben vom Amtsgericht wegen Unterhaltszahlungen. Ich war verletzt, wütend, enttäuscht. Aber ich wollte Gioias Vaterbild nicht beschädigen und verlor kein schlechtes Wort über ihn. Schließlich stammte sie zu fünfzig Prozent von ihm ab. Wenn ich auf ihn geflucht hätte – dann hätte ich auch meine Tochter beschädigt. So zahlte ich viele Jahre lang den Preis, dass Gioia mich dafür verantwortlich machte, dass sie ihren Babo verloren hatte. Als junge Erwachsene suchte sie später Kontakt zu ihm, aber er wollte nicht einmal zu ihrer Hochzeit kommen.

Nicht nur Gioia hatte Heimweh, auch ich. Doch erst in der Adventszeit, als vieles schon geregelt war – wir waren im Sommer eingezogen –, ertappte ich mich manchmal dabei, in die Vergangenheit zu rutschen. Ich vermisste meinen Garten, das südliche Abendlicht, den Blick über die Hügel und das Tal, den Salzgeruch in der Luft, meine sechsunddreißig Rosenstöcke vor dem Haus und natürlich das Meer und die Menschen, meine lieben italienischen Nachbarn und Freunde und ihre herzliche Lebensart.

Ich weinte nie, auch wenn mir zuweilen danach war. Von morgens bis abends stand ich unter Druck; ich fühlte wenig, ich funktionierte. Die Eltern, die Kinder, das Geld, die Behörden, der Haushalt, der Kummer von Gioia, gesundheitliche Verschlechterungen bei den Eltern – mein Vater bedurfte vollständiger Pflege –, Integration in die Dorfgemeinschaft, Auto kaputt, Masern, Wasserleitung eingefroren, Windpocken. Mein Traum vom autarken Leben in Italien war geplatzt, nun sammelte ich die Reste ein und versuchte, ein neues Leben für uns zu basteln.

Mein Sohn Amato war zu klein, um seinen Vater zu vermissen. Aber es quälte mich, dass er ohne männliche Bezugsperson aufwachsen würde. Nein, musste er nicht. Es gab auch ein paar Männer unter meinen Freunden, allen voran Benno, der uns sogar einen Pizzaofen in den Garten baute. Oder unseren Vermieter, der mit den Kindern Traktor fuhr, sie im Stall helfen ließ und ihnen versicherte: »Ohne euch hätten wir es nie geschafft, den Maibaum aufzustellen!«

Die Dorfgemeinschaft nahm uns herzlich auf, ganz anders, als es mir von manchen prophezeit worden war – alleinerziehend als »Zuagroaste« in einem bayerischen Dorf. Die Kinder schlossen schnell Freundschaften. Trotzdem kappte ich unsere italienischen Wurzeln nicht. Ich selbst tanke dort bis heute einmal im Jahr auf. Ich besuche meine Freunde und mittlerweile auch meine Tochter, die – wie sie angekündigt hatte – mit neunzehn zurückgekehrt ist und nun mit ihrem Mann und zwei Kindern in der Nähe unseres ehemaligen Hauses in der Emilia Romagna wohnt.

Wenn der Alltag surrte wie eine gut geölte Nähmaschine, fühlte ich mich manchmal sogar glücklich. Der große Umzug von einem ins andere Land hatte geklappt. Wir hatten ein schönes Daheim, den Kindern ging es gut, und meine Eltern waren gut versorgt. Es gab zwar kein Meer, aber mehrere Seen und die Berge. Wir waren nicht gestrandet, hatten nicht auf Sand gebaut, die Eltern, die Kinder und ich, wir alle begannen uns zu verwurzeln, sogar Gioia … »un po«, ein wenig.

Der Stimme des Herzens folgen: Larissa

Eines Tages brachte Gioia von der Schule einen Fragebogen mit nach Hause. Die Gemeinde wollte wissen, wer einen Kindergartenplatz benötigte, weil neuerdings ein Anspruch darauf bestand. Da überall Mangel an Betreuungsplätzen herrschte, diente das Formular zudem als Stellenausschreibung: »Falls Sie Ihr Kind zu Hause behalten möchten – könnten Sie sich vorstellen, Kinder von anderen Familien mitzubetreuen?« Heute würde man Tagesmütter suchen – damals war dieser Begriff noch nicht verbreitet.

Ohne mir viele Gedanken zu machen, kreuzte ich Ja an. Wegen meiner pflegebedürftigen Eltern war ich rund um die Uhr zu Hause. Und ob ich mich um ein oder zwei Kinder kümmerte, war egal, im Gegenteil: Amato würde sich über Gesellschaft freuen, zumal seine Schwester als Spielkameradin zu alt für ihn war.

Kurz darauf erhielt ich per Post die Einladung zu einer Informationsveranstaltung der Nachbarschaftshilfe. Doch am Tag der Veranstaltung ging es meinem Vater so schlecht, dass er mich an seiner Seite brauchte.

Obwohl die Nachbarschaftshilfe mein Fernbleiben als Desinteresse wertete, besuchte mich einige Zeit später eine Sachbearbeiterin vom Jugendamt. Sie inspizierte unser Haus, aß mit uns zu Mittag, erlebte den Umgang in der Familie, lobte den Garten, streichelte die Tiere, nickte oft, machte Kreuze auf einem Fragebogen und teilte mir beim Abschied mit:»Frau Pein, das hier ist ein Wohlfühlplatz.«

»Ja, wir fühlen uns alle sehr wohl hier«, bestätigte ich. Damals sah ich nur den kleinen Rahmen meiner Familie. Ich war ja ein Neuling und hatte keine Ahnung von den Maßstäben, die ein Jugendamt anlegt. Außerdem hatte ich das schon oft gehört: Bei euch fühlt man sich wie zu Hause. Wie gemütlich es hier ist, so eine warme Stimmung.

Heute noch bin ich Frau Wolf, der Sachbearbeiterin von damals, sehr dankbar, weil sie sich nicht von der Auskunft der Nachbarschaftshilfe beirren ließ. Auch die Krümel unter dem Tisch machten ihr nichts aus, oder dass Wäsche im Wohnzimmer trocknete. Selbst mein schwer kranker Vater erschreckte sie nicht, wo heute wahrscheinlich viele denken würden: Man kann ein Kind doch nicht in so einen Haushalt geben. Und wo war überhaupt der Ehemann?

Heute werden Kinder in erster Linie an verheiratete Pflegemütter vermittelt, das ist praktisch, wenn es einen Hauptverdiener gibt. Ich war alleinerziehender Single. Aber meine Mutter, der es gerade etwas besser ging, unterstützte mich. »Sie ist sozusagen die Pflegeoma«, stellte Frau Wolf fest. »Aber wir haben keinen Fernseher«, sagte meine Mutter, die nichts verheimlichen wollte. »Wir lesen vor.«

»Wunderbar!«, rief Frau Wolf und bat mich inständig, die nächste Informationsveranstaltung der Nachbarschaftshilfe zu besuchen.

»Das klappt bestimmt«, versicherte ich ihr. »Da es meiner Mutter wieder besser geht, kann sie sich auch um meinen Vater kümmern.«

Frau Wolf schaute mich lang an. Dann sagte sie: »Ich würde Ihnen gern einmal eine Kollegin vorbeischicken aus einer anderen Abteilung.«

»Und wozu?«, fragte ich.

»Wie gesagt, das hier ist ein Wohlfühlplatz. Könnten Sie sich vorstellen, nicht nur stundenweise Kinder zu betreuen, die keinen Kindergartenplatz finden, sondern ein Kind komplett bei sich aufzunehmen, als Pflegemutter? Wollen Sie darüber mal nachdenken?«

»Da muss ich nicht nachdenken«, sagte ich. »Natürlich geht das. Wenn Sie mal ein Kind in Not haben, ich helfe gern.«

»Das wird natürlich vergütet«, beeilte Frau Wolf sich zu versichern.

Drei Tage später rief eine Mitarbeiterin des Jugendamtes an. Ob sie ein zweijähriges Mädchen zu uns bringen könnte. Die Mutter hatte Zigaretten auf dem kleinen Körper ausgedrückt. Ich sollte Larissa nur kurzzeitig betreuen, dann würde sie adoptiert werden. Ihre neue Familie kannte sie bereits, die Adoption war für Ende September vorgesehen, doch nun war die Situation bei ihrer leiblichen Mutter eskaliert und die neue Familie im Urlaub. Das Jugendamt musste schnell handeln, also sollte Larissa bis zur Adoption bei uns bleiben.

»Wann soll sie denn kommen?«, fragte ich.

»In drei Stunden kann ich sie bringen.«

Das war Wahnsinn, das war eigentlich unmöglich, aber ich sah die Kippen auf der Kinderhaut vor mir, und das war noch viel wahnsinniger. »Ja«, sagte ich. Dann legte ich auf und schaute aus dem Fenster, ohne irgendetwas wahrzunehmen. Tausend Dinge schossen mir durch den Kopf. So schnell hatte ich nicht mit einem

Kind gerechnet. War ich überhaupt darauf vorbereitet? Würde ich das schaffen? Was würden meine Kinder dazu sagen, ich hatte noch nicht mit ihnen gesprochen. Brauchte das Mädchen Windeln? Hatte ich alles Notwendige im Haus? Und am wichtigsten: Würde ich Zugang zu diesem Kind finden? In welcher Verfassung Larissa wohl wäre …

»Vera?«, fragte meine Mutter.

Ich hatte sie gar nicht hereinkommen hören. Langsam drehte ich mich zu ihr und erzählte ihr, dass wir in drei Stunden unser erstes Pflegekind bekommen würden.

»Warum wurde sie aus ihrer Familie herausgenommen?«, wollte meine Mutter wissen.

Ich wiederholte das wenige, das ich selbst wusste. Zum ersten Mal wurde mir bewusst, dass alle Kinder, die ich als Pflegemutter aufnehmen würde, ein schweres Schicksal hatten. Sie kamen nicht zu Ferien auf dem Bauernhof. Das waren kleine Menschen mit einem schweren Start.

»Hast du Bedenken?«, fragte meine einfühlsame Mutter mich.

»Nicht direkt. Es ist nur …«

»Ja?«

»Wie wird das für Gioia und Amato sein, wenn plötzlich ein anderes Kind im Haus ist? Ich hatte ja keine Zeit, mit ihnen darüber zu sprechen. Ich wusste nicht, dass es so schnell geschieht.«

Meine Mutter dachte nach. Dann sagte sie: »Ich glaube, dass es Amato nichts ausmachen wird. Für Gioia könnte es schlimm sein. Zuerst wurde ihr ein kleiner Bruder vor die Nase gesetzt, dann hat sie ihren Vater verloren und musste mit nach Deutschland. Und zu guter Letzt ein neues Kind.«

»Das ist die Frage«, erwiderte ich. »Ist das ein neues Kind? Wie gehe ich damit um? Ich möchte der kleinen Larissa Nestwärme geben, ich möchte sie nicht ausschließen, aber ich möchte Gioia und Amato nicht vor den Kopf stoßen.«

Meine Mutter streichelte mir über den Arm. »Wir teilen die drei auf. Ich kümmere mich in den nächsten Tagen verstärkt um Gioia und Amato, dann hast du Freiraum, dich mit Larissa zu beschäftigen. Wir müssen abwarten, wie sie sich in die Familie integriert und wie die Kinder auf sie reagieren. Erst dann können wir beschließen, wie wir weitermachen.«

»Ich bin so froh, dass du da bist, Mama«, sagte ich. »Und hinter mir stehst.«

Sie lächelte. »Das macht mir doch selber Freude. Du weißt, wie sehr ich mir viele Kinder gewünscht habe.«

»Ja. Und mit mir hast du dich begnügen müssen.«

»Du und meine Enkel, ihr seid mein größtes Geschenk im Leben.«

Wir hatten beide nasse Augen. Aber zum Heulen hatten wir keine Zeit, es gab noch viel zu tun, ehe Larissa eintraf. War das alles nicht zu viel für meine krebskranke Mutter?

»Mama, glaubst du wirklich, du schaffst das?«, fragte ich. Ihre letzte große Operation lag erst sechs Wochen zurück.

»Mit Freude schafft man alles«, erwiderte meine Mutter. Dann wollte sie wissen: »Wo schläft die Kleine?«

»Am besten, wir stellen das Gitterbettchen von Amato wieder in mein Schlafzimmer. Da bin ich nah bei ihr. Und wenn Amato möchte, kann er auch bei mir schlafen.«

»Das glaube ich nicht«, vermutete meine Mutter. »Er ist so stolz auf sein eigenes Zimmer.«

Sie hatte recht. Amato wollte in seinem eigenen Bett schlafen und Gioia sowieso.

In der ersten Nacht bei uns schlief die kleine Larissa schnell ein. Doch gegen Mitternacht schrie sie wie am Spieß. Mit klopfendem Herzen wachte ich auf, fuhr hoch, schwang die Beine aus dem Bett, das Kind zu holen, es an mein Herz zu drücken.

Stopp!, bremste ich mich.

Denn was passiert, wenn Amato in mein Zimmer kommt und Larissa in meinem Bett entdeckt? Er wachte manchmal auf, nicht jede Nacht, aber einmal in der Woche bestimmt. Und so laut wie Larissa schrie, würde er nun wahrscheinlich aufwachen.

Ich ging die zwei Schritte zu ihrem Bettchen, beugte mich zu ihr, streichelte ihre Wange. Sofort hörte sie zu schreien auf. Erleichtert kehrte ich in mein Bett zurück. Ich saß noch am Rand, da schrie Larissa erneut. Also zurück zu ihr. Länger gestreichelt, nächster Versuch. Sie schrie. Ich schob einen Stuhl an ihr Bett, streichelte und sang und kämpfte gegen den starken Impuls, die Kleine in meinem Bett an mein Herz zu legen. Nach einer Viertelstunde schlief ich im Sitzen ein. Larissa schrie. Ich fuhr hoch. Das war also der Alltag einer Pflegemutter beziehungsweise eine übliche Nacht. Schlaflos am Gitterbettchen.

Plötzlich öffnete sich die Tür, nackte Füße auf dem Boden – Amato. Bei der Begrüßung hatte er Larissa freundschaftlich ein Auto angeboten, sich dann aber nicht weiter um sie gekümmert. Meine Mutter hatte ihn ins Bett gebracht. Nun fragte er mich: »Mama, warum weint sie so?«

»Weil sie ganz neu bei uns ist und sich noch nicht auskennt.«

»Aber warum holst du sie nicht in dein Bett?«, fragte er mich erstaunt.

Mein lieber Sohn.

»Ich möchte nicht, dass sie dir deinen Platz wegnimmt. Wenn du manchmal schlecht träumst, kommst du doch zu mir ins Bett, und das soll auch so bleiben.«

Er kam näher, legte seine Hand auf meinen Arm. »Aber Mama, sie weint doch. Die muss in dein Bett!«

»Ja, da hast du recht«, flüsterte ich, einen Kloß im Hals.

Ich hob Larissa hoch. In meinen Armen entspannte sie sich vollkommen und hörte zu schreien auf. Ich legte sie in mein Bett. Amato beobachtete, wie ich die Decke über uns beide breitete, und nickte zufrieden. Dann gab er mir ein Bussi auf die Wange, Larissa eines auf die Stirn und ging in sein Zimmer. Das kleine Menschlein kuschelte sich unter meinem linken Flügel zurecht, seufzte tief und schlief ein. Ich lag noch lange wach in dieser Nacht.

Am nächsten Morgen war Larissa schon nicht mehr ganz so schüchtern, was vor allem an Amato lag. Er zeigte ihr seine Spielsachen, teilte alles mit ihr. Bis zum Abendbrot waren die beiden unzertrennlich geworden. Ich beobachtete, staunte, lernte und war sehr stolz auf ihn. Wie unkompliziert und offen er mit der Situation umging, er wertete nicht, es gab kein Gerangel um Aufmerksamkeit. Auch meine Sorgen wegen Gioia lösten sich in Luft auf. Larissa war sieben Jahre jünger als sie und somit weder Konkurrenz noch Zielgruppe für Spiele. Gioia interessierte sich kaum für Larissa. Dennoch war ihre Anwesenheit ein Gewinn für sie: Ihr kleiner Bruder nervte sie weniger; er hatte jetzt eine gleichaltrige Spielkameradin.

Aber wie würden die beiden Unzertrennlichen mit dem bevorstehenden Abschied umgehen? Ich erklärte Amato jeden Tag: »Larissa bleibt nicht für immer bei uns, nur bis zum Ende der Ferien.« Und zu Larissa sagte ich: »Wenn die Sommerferien zu Ende sind, kommst du zu deiner neuen Familie.«

Immer wartete ich auf die Frage: Kann sie, kann ich nicht länger dableiben? Doch die Frage kam nicht.

In den Tagen vor der Adoption besuchten uns Larissas neue Eltern zweimal, und auch wir besuchten sie. Dann packte ich ihre Tasche für immer.

Würde Amato sie nun doch vermissen? Ja, er vermisste sie, sprach manchmal von ihr, doch immer in völliger Akzeptanz ihrer Abwesenheit. Das war eine große Erleichterung für mich und ließ mich zuversichtlich in die Zukunft blicken. »Ja, ich würde wieder ein Kind nehmen«, sagte ich am Telefon zu einer Mitarbeiterin vom Jugendamt.

Die sieben Wochen mit Larissa waren für mich der Grundstein meiner Pflegemutterschaft. Ich spürte ein tiefes Ja in mir. Sieben Wochen können einen bleibenden Eindruck bei einem Kind hinterlassen, ja manchmal genügt ein einziger Tag, an dem ein Kind wahrnehmen kann, dass nicht alles dunkel ist. Dem Kind in einer Situation, in der bedrohliche Not in seinem Herzen herrscht, zu zeigen: Du bist nicht allein. Es ist nicht alles furchteinflößend. Es gibt einen Ort, an dem bist du sicher, geschützt, lieb gehabt. Du brauchst keine Angst zu haben.

Larissa hatte keine Angst mehr, als ich dieses nun fröhliche Mädchen seiner neuen Familie übergab. Ich hätte gern gewusst, wie es ihr dort erging, doch es war vereinbart, keinen Kontakt zu halten, um dem Kind die Eingewöhnung zu erleichtern. Das war zwar schade, doch es änderte nichts an meiner Erkenntnis: Pflegemutter war meine Berufung.

Drei Jahre später war ich mit vier Kindern – meinen beiden eigenen und zwei Pflegekindern – im Schwimmbad. Ich saß am Beckenrand, die Beine im Wasser, die Nase voller Chlor, die Ohren voller Kindergeschrei – Wasserbombe, untertauchen, spritzen, kreischen, man kennt das –, und erfreute mich an der Fröhlichkeit ringsherum. Auf einmal spürte ich, dass mich jemand beobachtete. Das Mädchen lag zwei Meter entfernt im Wasser, hielt sich mit den Händen an einer Stange fest, und strahlte mich an. Schaute nicht weg. Betrachtete mich geradezu gebannt. Braune Locken, braune Augen. Sie kam mir bekannt vor. Aber woher? Ein Nachbarskind? Nein ... das war doch ...

»Heißt du Larissa?«

Heftiges Nicken. Die Locken bebten.

»Du kennst mich noch?«

Erweitertes Strahlen bis zu den Ohren.

»Da freue ich mich aber, dass ich dich mal wiedersehe.«

Lockenwippen.

»Bist du alleine da?«

»Nein.« Sie zeigte auf die gegenüberliegende Seite des Beckens. »Mit meiner Mama und meinem Bruder.«

»Dann begrüße ich die mal«, sagte ich und stand auf. Flugs war Larissa aus dem Wasser und hüpfte vor mir her. Ein sorgloses, fröhliches Mädchen. Da musste ich die Adoptivmutter gar nicht viel fragen. Ich sah ja selbst, wie gut es Larissa ging. Ihre Narben waren verheilt.

Wieder vergingen einige Jahre, in denen ich viele Kinder aufnahm. Das Haus wurde zu klein für bis zu sieben Kinder mit den eigenen. Meine Eltern waren gestorben. Ich suchte eine neue Bleibe. Abermals gestaltete sich das schwierig.

»Wie bitte, wie viele Kinder? Und Hund und Katz auch noch. Haben Sie einen Vogel?«

»Nein, Vögel haben wir nicht.«

Mittlerweile hatte ich einige Kontakte zur Presse. Besonders in der Adventszeit wurde gern über uns berichtet. Eine Redakteurin startete einen Wohnungssuchaufruf. Am Tag nach dem Artikel klingelte es an der Tür. Ein Mädchen mit Mütze stand da und schaute mich aus großen braunen Augen an. Ich erkannte sie nicht, wohl aber die Frau neben ihr, Larissas Adoptivmutter.

»Du bist Larissa?«, fragte ich.

»Hallo!« Jetzt strahlte sie wieder.

Die Adoptivmutter erklärte mir den Grund des Besuches. »Wir haben in der Zeitung gelesen, dass Sie umziehen wollen. Das hat Larissa ein bisschen Sorge gemacht, gell, Larissa?«

Das Mädchen nickte.

Die Mutter fuhr fort: »Sie hat gesagt: ›Aber dann weiß ich ja gar nicht mehr, wo sie ist.‹ Sie wollte unbedingt noch einmal hierher, ehe Sie wegziehen.«

Ich beugte mich zu Larissa und versicherte ihr: »Ich bin nicht aus der Welt. Ich bleibe im Landkreis, ich ziehe nur sechs Kilometer weiter.«

»Aber da war ich doch nie«, sagte das Mädchen.

Auch ohne diese Erklärung hätte ich Larissa verstanden. Dieses Haus war für sie ein Ort, an dem sie Zuflucht finden konnte. Solange es diesen Ort gab, konnte ihr nichts geschehen. Sie könnte immer wieder hierherkommen. Jetzt würde ich wegziehen. Und dann?

»Es gibt mich auch in Zukunft. Ich wechsle nur die Wohnung«, bekräftigte ich noch einmal.

Larissas Mutter beglückwünschte mich zum neuen Haus. »Das ist aber schnell gegangen! Gestern stand es doch erst in der Zeitung.«

»Das Angebot kam nicht über die Zeitung. Es hat sich überschnitten.«

»Bestimmt haben Sie lange gesucht?«

»Oh ja. Und ich kann es selbst noch kaum fassen, aber wir haben ein Traumhaus gefunden. Genügend Platz für alle und ein großer Garten.«

Wieder war jemand gestorben, diesmal ein alter Mann, vormals Landwirt. Seine Schwester suchte Mieter, die ihrem Bruder gefallen hätten. Irgendjemand erzählte ihr von uns, und sie rief an und sagte: »Des wär ganz bestimmt im Sinn von meim verstorbnen Bruada, dass des Haus a Dahoam für so a paar arme Zwergerl werd.«

Mein erstes Pflegekind hat mir gezeigt, dass schon eine kurze Zeitspanne genügt, um einem Kind eine gewisse Sicherheit und eine Art Urvertrauen zu vermitteln. Und es hat mich gelehrt, dass ich mir im Vorfeld nicht allzu viele Sorgen zu machen brauche. Lieber gelassen und vertrauensvoll abwarten, was geschehen wird. Und dann der Stimme des Herzens folgen. Die versteht jedes Kind, weil Kinder selbst noch mehr auf ihr Herz hören.

Schreibabys beruhigen:
Ich sehe dich!

Wenn ich an meine Anfänge als Pflegemutter zurückdenke, kommt mir das alles geradezu fantastisch vor. Heute wäre ein solch unbürokratisches Vorgehen undenkbar. In vielen Fällen ist das auch gut, weil mehr Sicherheitsstufen eingebaut sind. Gelegentlich fördern all die Vorschriften das Kindeswohl jedoch nicht. Und dann kommt es mir so vor, als hätten wir das Augenmaß verloren. Wir wollen, dass alles perfekt funktioniert – aber Menschen sind keine Maschinen, und zuweilen wäre es klüger, auf das Herz zu hören. So wie es damals das Krankenhauspersonal in Italien erlaubte, dass ich mit dem Säugling Amato und meiner Mutter bei meinem Vater im Zimmer schlafen durfte. Das war sicher gegen alle Regeln. Aber es war menschlich – genauso menschlich, wie mein Vater oft handelte. Ich erinnere mich gut an die unbekannten Leute, die bei uns zu Hause mit bedrückten Mienen klingelten, eine Weile mit meinem Vater in seinem Arbeitszimmer verschwanden und sich heiter gestimmt verabschiedeten.

»Papa, wer war das?«, fragte ich.

»Ein Mensch in Not«, antwortete er. »Der braucht gerade ein bisschen Hilfe.«

Mehr erfuhr ich nie. Meine Mutter trug dieses Engagement mit. Als ich in der Pubertät war, geriet mein Vater selbst in Not, und damit unsere ganze Familie, da er

Alleinverdiener war. »Wegen eines Mistkäfers«, so seine Worte, ging sein Architekturbüro pleite. Ein großes Bauvorhaben konnte wegen besagten Käfers, desses sich Naturschützer engagiert annahmen, nicht realisiert werden. Zwei Jahre lang herrschte bei uns zu Hause dicke Luft. Die Stimmung zwischen meinen Eltern war nicht mehr so harmonisch wie früher. Sie hatten große finanzielle Probleme, alle Ersparnisse waren aufgebraucht. Das war bitter, gewiss, doch meiner Meinung nach kein Grund, sich anzukeifen. Und das sagte ich meinen Eltern auch, doch ich drang nicht zu ihnen durch. Manchmal war ich geradezu empört, weil ihr Verhalten gegen alles verstieß, was sie mir beigebracht hatten: Stets achtsam und respektvoll mit anderen Menschen umgehen. Stattdessen hackten sie aufeinander herum. In dieser Zeit bekam ich sogar eine Ohrfeige von meinem Vater, die einzige meines Lebens. Heute denke ich, dass meine Eltern in einer Krise steckten. Damals war ich so entrüstet, dass ich beschloss, nach der Mittleren Reife von zu Hause auszuziehen, denn in diesem Zustand wollte ich meine Eltern nicht fortgesetzt erleben müssen. Ich hatte ja keinen Konflikt mit ihnen, sie hatten ein Problem, und das sollten sie auch lösen.

Ich wollte Krankenschwester werden, musste aber noch einige Monate auf den Beginn meiner Ausbildung warten. So landete ich in einem sehr wohlhabenden Haushalt in einem Münchner Nobelvorort, in dem ich für das Kind und die Dogge einer geschiedenen Dame verantwortlich war. Beim Vorstellungsgespräch sagte sie mir, dass sie keine Zeit hätte, sich um die beiden zu kümmern. Als ich dann im Souterrain wohnte, schwante mir, dass sie vielmehr keine Lust hatte, ihre Zeit dem Kind zu widmen. Fast jeden Abend lud sie Gäste ein, es ging hoch her, Alkohol floss in Strömen, und vielleicht wurde auch anderes konsumiert. Aber auch Tränen flossen in Strömen, denn die kleine Tochter träumte oft schlecht. Zur Mutter durfte sie nicht, wenn Gäste im Haus waren, das war das Privileg der Dogge. Also tappte sie hinunter ins Souterrain und schlüpfte mit ihren eiskalten Füßchen in mein Bett. Ich war zwar erst siebzehn Jahre alt, doch mit Kindern kannte ich mich aus. Seit ich zwölf war, jobbte ich als Babysitterin. Zuerst bei einer befreundeten Familie, die Eltern sangen im Chor. Ihre drei Kinder wollten leider nie ins Bett. Ich fragte: »Was machen eure Eltern denn, wenn ihr schlafen sollt?«

»Sie singen.«

Also sang ich. Nach der ersten Strophe fragten sie: »Kannst du auch vorlesen?«

Das war mir bedeutend lieber, und es klang auch besser.

Ach, wie gern hätte ich selbst Geschwister gehabt! Ich stillte meine Sehnsucht bei kinderreichen Familien. Meine beste Freundin hatte vier Geschwister und keine Lust, auf die Kleinen aufzupassen. Für mich gab es kaum etwas Schöneres. Wenn ich heute darüber nachdenke, glaube ich, dass ich damals schon eine Fähigkeit hatte, die mir das Leben als Pflegemutter enorm erleichtert. Es gelingt mir sehr schnell, Zugang zu einem Kind und auch Säugling zu bekommen. Ich schaue ihm in die Augen und tiefer. Es ist, als würden sich unsere Herzen berühren, und etwas beginnt zu fließen. Viele Jahre wusste ich nicht, dass das eine besondere Begabung ist. Eine Nachbarin, die sehr unter ihrem Schreikind litt, machte mich darauf aufmerksam. Da erst fiel es mir selbst auf: Ich nahm die kleine Ilonka auf den

Arm, schaute ihr in die Augen – und sofort war sie still. Unzählige Kinder habe ich an Supermarktkassen beruhigt, ohne ein Wort zu sagen, allein mit meinem Blick. Sie stutzten, hörten auf zu weinen, schauten mich staunend, vielleicht ein bisschen fragend an, und dann lächelten sie oder lachten mir zu. Aus diesem Grund wollte ich auch Kinderkrankenschwester werden. Ich wünschte mir, die kleinen Menschen dabei zu unterstützen, die schwere Zeit im Krankenhaus gut zu überstehen. Doch meine Ausbildung begann in der Herzabteilung, und dort starben sehr viele Menschen. Damit kam ich nicht zurecht. Nach einem halben Jahr kündigte ich.

Augenblicke

Ich berühre den kleinen Menschen nicht. Ich schaue ihn nur an.

Es fühlt sich an, als würde meine Brust sich öffnen. Wärme fließt aus mir heraus. Manchmal kribbeln meine Hände. Ich sage nichts. Ich denke es auch nicht. Aber es ist mehr als ein Gefühl. Ich fühldenke:

Menschlein. Du machst dir dein Leben so schwer, wenn du so laut schreist, wenn du so wütend bist. Es bringt auch nichts. Das Leben ist schön. Schau dich um. Das Leben ist schön. Spür es. Das Leben ist schön. Da sind Menschen, die sich freuen, dich zu sehen. Hallo!

Ich öffne mein Herz und bin da. Bin einfach nur da mit meinem offenen Herzen und schaue das Kind an mit meinem offenen Herzen im Blick.

Etwas fließt. Hin und her. Ich bin in Kontakt. Nun verändert sich der Blick des Kindes. Wird aufmerksam, interessiert. Manche verstecken sich zuerst. Legen die Hände vors Gesicht oder schauen weg. Doch dann treffen wir uns. Etwas ist verbunden. Auf einmal vergisst das Kind sein Schreien, seine Wut. Manchmal schauen mich Mütter irritiert an. Die meisten merken nichts. Mütter sind heute ja meistens in großer Eile.

Das macht mich traurig, denn wir haben die Kinder doch nicht auf die Welt gebracht, um ihre Bedürfnisse abzuhaken. Oder unsere eigenen. Wenn wir uns daran erinnern, wissen wir tief in uns, was das Richtige ist.

Ich glaube, Kinder brauchen unser Innehalten. Sie brauchen Erwachsene, die sie sehen. Die sie spüren und erkennen, wenn ein Kind verzweifelt. Auch wenn es für den Erwachsenen unerheblich sein mag – was ist schon ein aus dem Kinderwagen gefallenes Stofftier, ein Bewegungsdrang. Das Kind hat die Situation nicht im Griff. Sobald es merkt, dass seine Bedürfnisse wahrgenommen werden, kann es sich entspannen.

Oft spüre ich eine größere Not. Das ist schwer auszuhalten. Denn ich kann ja nicht wirklich helfen. Ich kann nicht zu der fremden Mutter gehen und ihr sagen, dass sie sich bitte achtsamer um ihr Kind kümmern soll. Ich muss dann weg, es hinter mir lassen. Aber das musste ich erst lernen. Manchmal bin ich einer Mutter wahrscheinlich zu nah auf die Pelle gerückt. Das gehört sich nicht. Heute weiß ich, dass Liebe auch in der Not durchdringen kann. Es ist keine wirkliche Hilfe. Aber es ist ein Augenblick: Ich sehe dich. Du bist nicht allein.

Ein strukturierter Alltag
schafft Geborgenheit:
Carina und Maximilian

Larissa war kaum aus dem Haus, da erhielt ich die nächste Anfrage. »Es handelt sich um zwei Kinder einer Mutter, die momentan dringend Erholung braucht.«

Das hörte sich doch mal gut an. Kein misshandeltes Kind, sondern ein Jugendamt, das sich um Mütter kümmerte. Deutschland war ein Paradies – zumindest damals. Heute wäre eine erholungsbedürftige Mutter keine Indikation für eine Pflegestelle, schon gar nicht für zwei. Und Kinder werden in der Regel nicht mehr zur Unterstützung der Eltern aus ihren Familien genommen; die Herausnahme wird sehr lang hinausgezögert, und dann ist es manchmal schon fast zu spät, weil so viel kaputtgegangen ist. Und so kriege ich einen Scherbenhaufen geliefert, um mal im Bild zu bleiben, und es ist natürlich schwieriger, solche Kinder wieder zu kitten. Meine ersten Kinder waren im übertragenen Sinn noch ganz gut beieinander; sie hatten halt einen Riss. Oder zwei.

Carina und Maximilian waren drei Monate älter und neun Monate jünger als mein Sohn Amato, und es war Liebe auf den ersten Blick. Ich glaube, innerhalb von zwei, drei Tagen waren sie als »Bande«, so nannten sie sich auch, unzertrennlich. Amato war begeistert von den neuen Spielkameraden und Carina und Maximilian von diesen Ferien auf dem Bauernhof, die sie auch genießen konnten, da ihre Vernachlässigung sich noch nicht manifestiert hatte. Die beiden kamen mir vor wie Rohdiamanten – unerzogen, fast ein bisschen verwildert. Sie wussten nicht, dass man beim Essen sitzen bleibt, nicht laut rülpst, nicht dazwischenredet, regelmäßig Zähne putzt und Spielsachen aufräumt und wie man sich in eine Gemeinschaft einfügt. Da sie keine Disziplin kannten, war es ein hartes Stück Arbeit, ihnen die Hausregeln beizubringen. Ihre junge, unerfahrene Mutter war alleinerziehend und hatte es im Leben selbst nicht leicht gehabt. Ein strukturierter Alltag war ihr genauso fremd wie eine sicherheitsvermittelnde Erziehung. Oft schüttelte ich innerlich den Kopf, weil bei den Kindern so viele Grundlagen fehlten.

Ich hielt die beiden seinerzeit für schwere Fälle, was mich heute fast zum Lachen bringt. Aus aktueller Sicht waren sie ein Kindergeburtstag. Bei »Problemchen« wie ihnen würde die Jugendhilfe gar nicht mehr eingreifen, man würde es laufen lassen. Ich glaube, das liegt an der Häufung solcher Schutzbefohlener und an den fehlenden Kapazitäten. Der Bedarf an Hilfe ist hoch, es gibt viel mehr Notfälle als früher wie auch alleinerziehende Mütter, die sich zwischen Kindern und Beruf schier zerreißen. Denn es ist ja nicht mehr so, dass der Kindsvater für den Unterhalt der Mutter aufkommen muss. Familien sind finanziell auch deutlich höher belastet, in Städten wie München kommen die meisten nur mit zwei berufstätigen Elternteilen über die Runden; die Miete verschlingt den Großteil des Einkommens. Um die Existenz zu sichern, müssen Kinder immer früher in die Krippe … Meiner Meinung nach sind das alles negative

Entwicklungen, die auf dem Rücken der Familien ausgetragen werden. Kinder brauchen ein behütetes Nest. Sie gedeihen in stabilen Beziehungen mit konstanten Bezugspersonen, deren Herzen und Ohren offen sind für ihre Bedürfnisse. Eltern, die überlastet von ihrem Alltag sind, können das nicht leisten.

So leiden die Kinder, die zu mir kommen, an einer Art Nestmangel, dessen Ursache häufig ein Vatermangel ist. Alleinerziehende Mütter haben es schwer, wie ich aus eigener Erfahrung weiß, und leider gibt es immer mehr von ihnen bei Scheidungsquoten von bis zu fünfzig Prozent in Großstädten. Aber ihnen die Schuld anzulasten, wäre fatal. Die Erfahrung zeigt, dass Familien in eine Schieflage geraten, wenn die Väter ihrer Verantwortung für die Kinder nicht nachkommen. Einige meiner Kinder hatten überhaupt keinen Kontakt zu ihren Vätern oder kannten sie nicht. Andere haben sich nach der Trennung von der Mutter des Kindes regelrecht verdünnisiert. Doch im Leben des Kindes stehen sie dick und fett, und auch wenn sie nicht da sind, kann diese Leerstelle das Leben eines Kindes bestimmen. Gelegentlich habe ich auch Kinder von alleinerziehenden Vätern betreut und keinen Unterschied festgestellt, bis auf eine Anekdote. Der achtjährige Junge erzählte mir, dass sein Vater für ihn aus dem Katalog eine neue Mama bestellt habe, die am Sonntag eintreffen würde …

Brüder

Carina und Maximilian kehrten nach einigen Wochen zu ihrer Mutter zurück, ihre Ferien auf dem Bauernhof waren vorüber. Doch schon bald merkte ihre Mutter, dass sie es nicht schaffte, die positive Entwicklung der Kinder in Bezug auf Struktur, Lernfreudigkeit und Sozialverhalten aufrechtzuerhalten. Beim Jugendamt bat sie erneut um Hilfe, und Carina und Maximilian zogen wieder bei uns ein, diesmal nicht kurzfristig, sondern mit der Aussicht: für sehr lange. Auf diese Ankündigung reagierten die Kinder unterschiedlich. Carina sehnte sich nach ihrer Mutter, die sie stark idealisierte. Ihre Mutter war die schönste und beste und tollste – und wer so eine Supermama hat, braucht sich nicht mit einer Pflegemutter abzugeben. Maximilian hingegen war im siebten Himmel, endlich wieder vereint mit seinem heiß geliebten Amato. Die beiden lebten Seite an Seite wie Brüder. Sie lernten zusammen Radfahren und Schwimmen, von morgens bis abends steckten sie die Köpfe zusammen, ließen sich Streiche einfallen, waren unzertrennlich. Ein Außenstehender hätte nicht erkennen können, welcher der beiden Jungen mein leibliches und welcher mein Pflegekind war. Ich beging den schweren Fehler, diesen Zusammenhalt zu fördern. Mit meiner Tochter und Carina hatte ich nun vier Kinder. Bei meinen eigenen Kindern hüpfte mein Herz immer ein bisschen mehr, doch ich wünschte mir, dass die vier wie leibliche Geschwister zusammenwuchsen.

Das Jugendamt hatte mir signalisiert, dass Carina und Maximilian bis zu ihrem achtzehnten Geburtstag bei mir bleiben würden, und das erfüllte mich mit Glück. Doch nach vier Jahren merkte ihre Mutter, dass sie ihre Kinder vermisste. Sie wollte sie zurückhaben. Beide besuchten mittlerweile die Schule, hatten Freunde im Dorf, unsere Familie war ihr Zuhause. Maximilian und Amato waren nach wie vor ein Herz und eine Seele. Niemals werde ich ihr Entsetzen vergessen, als ich sie schonend auf die Trennung vorbereitete. Amato war außer sich: »Mama! Du musst was tun! Keiner darf mir meinen Bruder wegenehmen!« Maximilian sagte zuerst gar nichts, dann wurde er rebellisch, wirkte wie wesensverändert, schwer zu bändigen, warf Gegenstände durch die Luft, bebte vor Empörung und Fassungslosigkeit, der kleine Junge schrie seine Verzweiflung in die Welt: »Ich will hier nicht weg! Ich kann hier nicht weg! Ich muss hierbleiben!« Das teilte er einer Mitarbeiterin des Jugendamts auch mit. Doch es spielte keine Rolle. Die leibliche Mutter war die richtige Mutter, und sie wollte ihre Kinder zurück.

So war ich zum ersten Mal im Leben in dieser ohnmächtigen Position, die ich später leider noch öfter aushalten musste. Eine Pflegemutter soll den Kindern die Mutter ersetzen, ohne an Mutterstelle zu treten. Sie soll Bindung aufbauen und sie hopplahopp lösen können, wenn sich die Umstände ändern. In der Familienberatungsstelle hörte ich, dass es meine Aufgabe gewesen wäre, allen Kindern deutlich zu zeigen, dass meine eigenen und ich eine Einheit bildeten – die Pflegekinder waren unsere Gäste.

»Ich dachte, Carina und Maximilian bleiben für immer!«

»Eine solche Sicherheit kann im Pflegeverhältnis nicht gewährleistet werden«, klärte man mich auf.

»Aber mein Sohn empfindet den Pflegesohn als Bruder.«

»Wenn Sie weiterhin als Pflegemutter tätig sein wollen, müssen Sie und Ihre Kinder lernen, dass Pflegekinder Gäste sind, die Sie als Familie begleiten, solange Sie gebraucht werden. Auch für Ihre Pflegekinder ist es wichtig, ihre Position im Haus zu kennen. Es ist leichter für diese Kinder, wenn sie wissen, dass sie Gäste sind. Auch zu Gästen kann man Bindung aufbauen. Selbstverständlich sollen Sie den Kindern Nähe schenken, sie aber gleichzeitig auf Abstand halten, damit sie sich nicht auf Sie fixieren und die Trennung von Ihnen leichter verarbeiten. Es wäre nicht zielführend, wenn Sie den Pflegekindern die Illusion vermitteln würden, Sie wären ihre Mama. Das sind Sie nicht.«

»Natürlich bin ich das nicht! Das beanspruche ich auch gar nicht.«

»Dann ist ja alles in Ordnung, Frau Pein.«

Nein, nichts war in Ordnung. Ich fühlte mich vollständig allein gelassen. Auf so einen Fall hatte mich niemand vorbereitet.

Wenn ich jüngeren Pflegemüttern von meiner Anfangszeit erzähle, können sie es kaum glauben. Doch vor einem Vierteljahrhundert sah die Welt noch anders aus. So fiel auch erst acht Jahre nach meinem ersten Pflegekind Larissa irgendjemandem im Jugendamt auf, dass mein polizeiliches Führungszeugnis fehlte – die Grundvoraussetzung für diese verantwortungsvolle Tätigkeit. Ich reichte es nach. Auch wenn ich Pflegemüttern heute erzähle, wie wenig Unterstützung es in meiner Anfangszeit gab, sind sie fassungslos. Sie werden umfassend geschult und bekommen schon im Vorfeld Tipps, wie sie mit schwierigen Situationen umgehen können. Die Zusammenarbeit mit dem Jugendamt ist eng, da lässt man nichts einfach so laufen. In der Ausbildung ist das Miteinander von eigenen und Pflegekindern ein wichtiges Thema.

Ausbildung? Die wurde mir nicht zuteil, ich lernte von Pflegekind zu Pflegekind, ja, man könnte sagen, ich bin fallbezogen an den Aufgaben gewachsen. Und bei Maximilian war das sehr schmerzhaft. Carina hingegen freute sich auf die Heimkehr zu ihrer Mama. Für Maximilian wäre der Abschied vermutlich leichter gewesen, wenn man uns erlaubt hätte, Kontakt zu halten – ein sanfter Übergang. Doch das war nicht gestattet. Man baute darauf, dass die Kinder schnell vergessen würden, nach dem Motto: Aus den Augen, aus dem Sinn. Heute kennt man die Bedeutung von Bindung für Kinder und würde wahrscheinlich eine andere Entscheidung treffen. Und das ist gut so, denn an Amato habe ich gesehen, was geschieht, wenn man Kinder, die so wichtig füreinander sind, auseinanderreißt. Woher nehmen wir das Recht, ihre Freundschaften geringer zu bewerten als unsere? Wieso hat man den beiden Jungs nicht gestattet, sich sanft voneinander zu lösen? Der abrupte Schnitt führte dazu, dass Amato viele Jahre keinen Kontakt mehr zu Maximilian wollte. Wie schade! Denn wenn man glückliche Zeiten in der Kindheit miteinander verbringt, bildet man damit auch eine gesunde Basis für später. Oft stellen Erwachsene fest, dass sie zu ihren Freunden aus Kindertagen eine ganz besondere Beziehung haben. Sie ist näher, vertrauter, toleranter, enger – auch wenn man sich selten sieht.

Maximilian, er nähert sich nun seinem dreißigsten Lebensjahr, besucht mich oft, seine Schwester Carina schaut hin und wieder vorbei. Aus ihrer Familie gibt es einen Neuzugang in meinem Leben, es ist die Mutter der beiden, die mich gelegentlich besucht. Eines Tages bedankte sie sich bei mir, weil ich ihre Kinder so liebevoll aufgenommen habe. »Das ist der Grund dafür, dass ich heute in gutem Kontakt mit beiden stehe, weil Sie sie stabil gehalten haben in dieser schwierigen Zeit.«

Maximilians und Carinas Mutter hat sich wieder gefangen und auch einen neuen Partner gefunden. Es geht ihr gut, und das tut ihren Kindern gut.

Liebe auf Zeit?

Ich lernte durch Carina und Maximilian, besser zwischen meinen eigenen und den Pflegekindern zu trennen. Was ich ja von Anfang an wollte, doch im Alltag klappte es eben nicht. Wie soll man Grenzen in seinem Herzen ziehen? Heute halte ich das nicht für nötig. Ich kann ein Pflegekind vollständig aufnehmen und mir trotzdem darüber bewusst sein, dass es ein Gast ist. Der Status des Gastes schützt das Kind, das daran erinnert wird, dass ich nicht seine leibliche Mutter bin. Und er hilft mir beim Abschied, denn ein Gast, das ist bekannt, geht wieder. Die eigenen Kinder bleiben für immer. Ohne diese Trennung wäre ich auf Dauer verrückt geworden und hätte bei jedem Kind, das ich »verlor«, entsetzlich gelitten. Ich hätte meine Aufgabe als Pflegemutter nicht mehr erfüllen können.

Die Liebe zu Pflegekindern darf niemals besitzergreifend sein und die Kinder an ihre Pflegemutter binden. Es ist eine begleitende und auffangende Liebe. Vielleicht ist das sogar das Wesen der Liebe. Ich habe jedenfalls gelernt, Grenzen zu setzen, ohne meine Liebe für ein Kind zu schmälern: Solange du mich brauchst, bin ich für dich da. Und wenn du weg bist, bleibst du in meinen Erinnerungen bei mir. Wie ich dich gebadet habe und du mir ein großes Geheimnis anvertraut hast ... Wie du mir die gehäkelten Topflappen geschenkt hast ... Wie ich jeden Morgen deine Haare geflochten habe ... Wie du dein erstes Tor geschossen hast ... Solche Augenblicke hüte ich wie Schätze. Ich geb dir ein Päckchen Liebe mit auf deinen Lebensweg. Und ich hoffe, dass du eine gute Verbindung mit deinen Eltern aufbauen kannst.

Jedes Kind ist ein Teil seiner Familiengeschichte, und ich möchte die Eltern wissen lassen, dass ich ihnen ihr Kind nicht wegnehme. Ich kümmere mich jetzt nur eine Weile, so gut ich kann. Es ist wichtig, dass die Kinder, auch wenn sie bei mir, der Pflegemutter, sind, innerlich mit ihren Eltern verbunden bleiben. Wer ist meine Mutter, mein Vater, was machen sie, wie kann ich sie erreichen? Um das zu gewährleisten, bin ich auf die Mitarbeit der Eltern angewiesen. Bei jedem meiner Pflegekinder bin ich mit dem Ziel angetreten, dass es eines Tages gestärkt in seine eigene Familie zurückkehren kann. In sehr wenigen Fällen hoffte ich, dieses Los möge den Kindern erspart bleiben. Die Kinder wollen in der Regel auch zurück. Gelegentlich habe ich gehört: »Es wäre doch viel besser, wenn ich dableiben würde und meine Mama hierherzieht. Dann könnten wir alle zusammenbleiben, und ich müsste nicht weg von euch.«

Ein neunjähriges Mädchen, das ich einige Jahre begleiten durfte, plante weit in die Zukunft. »Wenn ich einmal groß bin und ein Kind habe, bringe ich es zu dir.« Die meisten denken jedoch nur an die Gegenwart, und viele möchten für immer bleiben. Das darf man nicht als Ablehnung der Eltern werten, Kinder leben im Jetzt, und es fällt ihnen schwer, sich etwas vorzustellen, was jetzt gerade nicht ist. Sie sehen dann nur den Verlust, aber zum Glück vergessen sie den auch schnell, wenn die Rückkehr in die eigene Familie harmonisch gelingt.

Aus einer Familie verabschiedet man sich nie, man gehört immer dazu. Die Hilfestellung durch eine Pflegemutter endet irgendwann, zumindest formell. Das erste wichtige Datum ist der achtzehnte Geburtstag eines Kindes, mit dem es volljährig wird. Die Verantwortung, die ich für den jungen Erwachsenen hatte, geht nun auf ihn selbst über. Er kann über Nacht wegbleiben, er kann sich ein Auto kaufen, sein Entscheidungsrahmen ist größer, und sei es nur, dass Schminke in dicken Schichten aufgelegt wird, wie ich es nicht gern sehe. Ein dann vor dem Gesetz erwachsenes Pflegekind könnte auch ausziehen, was jedoch keines getan hat.

Die Unterstützung durch das Jugendamt endet mit dem achtzehnten Geburtstag noch nicht, sondern nach Beendigung der Schul- beziehungsweise Berufsausbildung, in jedem Falle aber mit dem vierundzwanzigsten Lebensjahr. Bis zu diesem Alter können die Pflegekinder während ihrer Ausbildung bei mir bleiben, also in der Theorie. Die Praxis sieht so aus, dass ich einige meiner Kinder deutlich länger behalten habe, als es im Programm der Jugendhilfe vom Amt finanziert wurde. Oder ich habe sie in einer Notlage später wieder aufgenommen. Dafür habe ich vom Jugendamt keine Unterstützung erhalten, das war dann nicht mehr zuständig, das war meine Privatangelegenheit. Aber ist Liebe nicht immer Privatsache? Man hört sich nächtelang Probleme an, rückt näher zusammen, räumt ein Zimmer leer, schläft selbst mal ein paar Nächte auf der Couch, um dem verlorenen Pflegesohn, der verlorenen Pflegetochter ein Nest zu bereiten, das er und sie gerade nötig haben. Manchmal dauert das späte Päppeln auch länger, und ich füttere die einstigen Pflegekinder mit durch, so wie es jede Mutter machen würde, deren Türen lebenslänglich für ihre Kinder offen stehen. Und wenn es finanziell irgendwie geht, stecke ich ihnen hier und da einen Zwanziger zu.

Alle meine Pflegekinder sind mir ans Herz gewachsen, und das bleibt so für immer, ich kann doch nicht sagen: Heute endet die Bezahlung vom Amt, jetzt sind wir geschiedene Leute. Am wichtigsten ist es für mich, dass die Kinder reif für den Abschied sind, sie sich auch ohne meine Hilfe gut in ihrem Leben zurechtfinden. Ich bin ja nur eine Begleiterin in einer schwierigen Phase.

Bei Carina und Maximilian erfolgte der Abschied meiner Meinung nach zu früh. Als die beiden von ihrer Oma abgeholt wurden, weinten wir alle. Auch Matayo, Sabine und Kerstin, die Neuzugänge. Ich habe lange gebraucht, bis ich mich von diesem Riss – ja, so empfand ich es damals – erholt hatte. Ich stellte sogar infrage, ob ich langfristig Pflegemutter bleiben wollte. Doch das war ein aus dem Schmerz geborener Zweifel. Denn im Grunde genommen wusste ich es doch schon lange: Wenn ich was kann, dann Mutter! Diese große Gnade, den richtigen Platz im Leben gefunden zu haben, lässt mich jeden Morgen beim Aufstehen sagen: Danke, Leben, dass ich genau hier bin. Denn es hätte ja auch alles anders kommen können, mein beruflicher Werdegang verlief nicht geradlinig.

Auf Umwegen zur Mutter

Nachdem ich meine Ausbildung zur Krankenschwester abgebrochen hatte, wollte ich Sozialpädagogik studieren. Doch dazu fehlte mir das Abitur. Also schrieb ich mich an der Fachoberschule ein. Mittlerweile war ich volljährig und bestritt meinen Lebensunterhalt selbst. Leider schlief ich im Unterricht oft ein, da ich mehrere Jobs in der Gastronomie hatte, um mein kleines Apartment in Schwabing zu finanzieren. Ich liebte mein freies Leben, und in den 1970er-Jahren in Schwabing ging es hoch her. Mit meinen Eltern hatte ich in dieser Zeit kaum Kontakt. Doch als mich mein Vermieter übers Ohr hauen wollte, stand mein Vater auf der Matte und sagte ihm ordentlich Bescheid. Meine Eltern hatten ihre Krise nach der finanziellen Pleite überwunden. Sie boten mir an, in ihr neues Haus zu ziehen. Das nahm ich gern an – ich war so froh, dass sie sich wieder vertrugen und die Familienbalance wiederhergestellt war! Aber auch als wir keinen Kontakt gehabt hatten, wusste ich bis in jede Faser, dass ich nicht allein auf der Welt war. Meine Eltern wären immer für mich da. Sie hatten auch Verständnis dafür, dass mir ein Studium zu theoretisch war und ich lieber eine Lehre als Arzthelferin begann.»Medizinische Grundkenntnisse schaden keinem«, meinte mein Vater, und das kann ich bestätigen, ich habe sie oft bei kleineren Verletzungen angewendet. Unmittelbar nach meiner Abschlussprüfung trennte sich mein damaliger Freund von mir. Ich litt ganz schrecklich und wollte nur noch eins: weg! Meine Eltern unterstützten meinen Plan, ein halbes Jahr in Italien zu arbeiten. Dass daraus zwölf Jahre werden würden, ahnten wir nicht. Und ich hätte mir auch nicht träumen lassen, dass ich beruflich in der Tourismusbranche landen würde.

Nach meiner Rückkehr aus Italien war mir meine krebskranke Mutter eine große Stütze bei meinen ersten Schritten als Pflegemutter, sie rutschte sozusagen in eine erweiterte Omarolle. Diese Aufgabe spornte sie an, nach ihren zahlreichen Operationen immer wieder auf die Beine zu kommen. Eine Chemotherapie lehnte sie ab, ihrer Meinung nach blockierten die Nebenwirkungen ihre Lebensqualität. Stattdessen unterzog sie sich schweren Operationen, um die nachgewachsenen Tumoren entfernen zu lassen. Das Mithelfen, Kümmern, Vorlesen, Zuhören und ständige Hinterherräumen lenkte sie auch vom Leiden und qualvollen Sterben meines Vaters ab. Nach meiner Rückkehr nach Deutschland lebte er noch vier Jahre, meine Mutter sieben. Ihrer Überzeugung nach bekam kein Mensch mehr auferlegt, als er bewältigen konnte. Das halte ich heute für eine überaus hilfreiche Einstellung. Früher zweifelte ich in schwachen Stunden daran, ob es mir gelingen würde, alles zu bewältigen. Das spürte meine Mutter. »Du schaffst das, Vera«, sagte sie, oder: »Gemeinsam kriegen wir das hin!« Und so war es dann ja auch, wenngleich ich die ersten Jahre schier atemlos durch Tage und Nächte hetzte. Wenn ich manchmal daran zurückdenke, kann ich es kaum fassen, wie ich das geschafft habe. Ich erinnere mich aber daran, dass ich jeden Morgen beim Aufwachen kurz in mich ging: Was ist heute zu tun? Und darum kümmerte ich mich dann Schritt für Schritt, immer im Bewusstsein, dass jederzeit etwas Unvorhergesehenes geschehen konnte – mit Kindern und pflegebedürftigen Eltern im Haus.

Carina und Maximilian erlebten auch die letzten Monate meines Vaters mit. Meine Mutter und ich konnten seine Versorgung nicht mehr allein leisten, ein Pflegedienst unterstützte uns. Sterbenskrank lag mein lieber Vater in seinem Bett, musste in regelmäßigen Abständen umgebettet, gefüttert und gewickelt werden. Zu den Kindern konnte er keinen Kontakt mehr aufnehmen, er konnte nach den vielen Schlaganfällen auch nicht mehr sprechen, doch sie schauten gelegentlich nach ihm, streichelten ihm über die Hand. Wenn er schwer atmete, das war manchmal durchs ganze Haus zu hören, fragten sie ihn, ob er Schmerzen hätte, und weil er nicht antwortete, fragten sie mich. Es beruhigte sie, wenn die Pflegerin ihm eine Spritze gab, sie hatten dann das Gefühl, das würde ihm helfen.

Ich bezweifle, dass ich mit einem sterbenden Vater im Haus heute Pflegekinder aufnehmen dürfte. Denn das könnte die Kinder verstören. Wo der Tod zu Hause ist, kann doch kein Kind leben! Dazu habe ich eine ganz andere Meinung. Aus vielen Gesprächen weiß ich, dass die Konfrontation mit Krankheit und Tod eine wichtige Erfahrung für meine Pflegekinder war. Sie lernten auch Rücksicht, »Opa schläft, seid mal leise.« Sie fragten: »Wie geht es Opa heute?«, und trösteten meine Mutter, wenn er eine schwierige Phase hatte. Trotzdem würde ich diese Doppelbelastung nicht mehr auf mich nehmen, so richtig ich es auch finde, wenn Kinder und Alte gemeinsam in einem Haus leben. Doch ich war ja fast allein mit der Pflege. Wenn ich mir das Konzept mit vielen Helfern denke – Altenheim mit Kindertagesstätte – kommt das ziemlich nah an ein gutes Miteinander, wie ich es mir vorstelle.

Mutterlos

Als mein Vater gestorben war, half die Betreuung der Kinder meiner Mutter, seinen Tod zu verkraften, obwohl sie selbst auch sehr geschwächt war. In ihren letzten zwei Jahren lebte sie mit einem künstlichen Darmausgang.

Doch auch in dieser schweren Zeit war sie ein ruhender Pol in unserem Leben. Als sehr gläubiger Mensch war sie von der Überzeugung getragen, dass alles, was geschieht, einen Sinn hat und aus einer erweiterten Perspektive betrachtet gut ist. Ihre Zuversicht hat auch mich von innen heraus gestärkt. Und meine Mutter hat immer recht behalten, sogar beim traurigen Abschied von Carina und Maximilian, den wir wie ein Auseinanderreißen empfanden. Denn wenn die beiden bei mir geblieben wären, hätte ich andere Kinder, die mir dann auch ans Herz wuchsen, nicht kennengelernt. Mehr als vier feste Plätze in einem Haushalt wurden nicht vergeben, und weil die beiden, anders als ursprünglich geplant, vor ihrer Volljährigkeit auszogen, konnte ich mich um Sabine und Matayo und viele andere kümmern, was mich mit tiefer Dankbarkeit erfüllt, wenn auch erst Jahre später.

Meine Mutter glaubte fest daran, dass jeder Mensch im Leben eine Aufgabe hat, und wir sollten uns anstrengen, sie zu bewältigen. Das gelang ihr in ihrem eigenen Leben mit Gottvertrauen und sehr viel Fröhlichkeit. Sogar als sie schwer krank war, konnte sie noch herzlich lachen. In unserer zusammengewürfelten Familie galt meine Mutter als Instanz. Was sie sagte, wurde gemacht. Ihr Wort zählte – bei allen Kindern. Auch die Pflegekinder liebten sie, und diese Zuneigung tat ihr besonders nach dem Tod ihres Mannes gut. Maximilian und Carina sagten wie Matayo, Sabine und viele andere ganz selbstverständlich »Oma« zu ihr. Denn das war ja nur logisch, sie war die Mama der Mama. Die meisten Kinder nennen mich Mama, das geschieht wie von selbst. Als das Ende meiner Mutter nahte, wollte sie lieber ins Hospiz als zu Hause bleiben, wie wir es meinem Vater ermöglicht hatten, was uns aber einiges abverlangt hatte. »Bei mir machen wir es anders«, entschied sie resolut.

Weihnachten holte ich sie noch einmal nach Hause. Drei Wochen danach begann ihr Sterbeprozess. In der Nacht ihres bevorstehenden Todes bereitete ich ein Matratzenlager für uns alle. Wir kuschelten uns eng aneinander und dachten an unsere Oma, ich dachte an meine liebe Mutter. Als um halb zwei Uhr morgens der Anruf vom Hospiz kam, schliefen die Kinder fest. So sagte ich es ihnen am Morgen. Maximilian wollte seine Oma unbedingt noch einmal sehen. Wir zwei, Seit an Seit, verabschiedeten uns gemeinsam von ihr, und das knüpfte unser Band noch enger. Von allen Pflegekindern hatte Maximilian schon immer am innigsten meine Nähe gesucht. Er half mir auch gern im Garten und im Haushalt, und wenn er heute zu Besuch kommt, fragt er stets, ob es irgendetwas zu tun gibt. Und wenn er von einem seiner »Geschwister« hört, dass Not am Mann ist, meldet er sich. Wie eng die Verbindung zu einem Pflegekind ist, liegt nicht an der Dauer seines Aufenthalts, sondern daran, was man miteinander erlebt.

Als meine Mutter starb, war ich vierzig Jahre alt, doch ich fühlte mich, als wäre meine Kindheit jetzt erst beendet. Mit dem Tod meiner Mutter war ich kein Kind mehr. Ich war nun nur noch Mutter, und meine Berufung als Pflegemutter erwuchs aus den Wurzeln in meinem guten Elternboden. Als Pflegemutter möchte ich auch meinen Kindern einen guten Nährboden bereiten. In der Bereitschaftspflege habe ich dazu nur sehr wenig Zeit, so wie bei einem meiner dramatischsten Einsätze für ein Mädchen aus China.

Teilzeitmutter in Vollzeit

»Wir bringen Ihnen jetzt ein Mädchen. Die Mutter hat sich die Pulsadern aufgeschnitten. Wir wissen nicht, ob sie überlebt.«

Als die Polizei in den Hof fuhr, hatte ich gerade erst das Bett bezogen und den weichsten Teddybär des Hauses hineingelegt. Vom Fenster aus sah ich, wie die Beamten ausstiegen, ihre Mützen aufsetzten. Einer beugte sich in den Wagenfond, redete hinein. Ich hörte ein seltsames Geräusch, als würde jemand um Luft ringen. Der Polizeibeamte griff in das Auto und zog ein kleines Mädchen heraus. Kurz darauf stand sie vor mir. Wu-Lin war kalkweiß. Sie trug ein weißes T-Shirt, das voller Blut war, auch ihre Hände waren bräunlich-rot von getrocknetem Blut.

»Sie sind ja im Bilde«, sagte einer der Polizisten.

Geschockt, konnte ich erst mal nur nicken.

»Das Jugendamt meldet sich dann«, sagte der andere, und weg waren sie.

Wu-Lin rührte sich nicht von der Stelle.

Ich kniete mich vor sie. Meine Berührung an ihrer Schulter ließ sie zu. »Komm!«, sagte ich. »Wir gehen jetzt erst mal Händewaschen, und dann suchen wir etwas Sauberes zum Anziehen für dich.«

Sie weinte, nein, es war kein Weinen, es war ein Kampf um Luft. Das war das Geräusch, das ich gehört hatte.

»Ich muss weg. Mama blutet.«

Ich fasste sie vorsichtig bei der Hand. Ihr heftiges Schluchzen schüttelte meine Hand.

»Meine Mama hat nichts Sauberes zum Anziehen. Ich muss zu meiner Mama. Ich muss meiner Mama etwas Sauberes zum Anziehen bringen.«

»Ja, das ist eine gute Idee«, sagte ich. »Aber zuerst einmal ziehen wir dir jetzt etwas Frisches an, und dann überlegen wir, wie wir das mit deiner Mama machen.«

»Ich muss zu meiner Mama.«

»Ja«, sagte ich und führte Wu-Lin ins Badezimmer. Als wäre sie eine Puppe, ließ sie sich waschen, ein T-Shirt anziehen. Das blutbesudelte packte sie und presste es eng an ihren Leib. Sie sprach nicht mehr, trank aber ein Glas Wasser.

Endlich rief das Jugendamt an, und ich erfuhr, dass Wu-Lins Mutter, die beim Goethe-Institut in Peking gearbeitet hatte, mit ihrer Tochter und schwanger aus China geflohen war, weil dort die Ein-Kind-Politik herrschte. Sie befürchtete, dass man ihr beide Kinder wegnehmen würde. Auf der Flucht erlitt sie eine Fehlgeburt. Irgendwie schaffte sie es bis München. In der Flüchtlingsunterkunft machte sie einen schwer depressiven Eindruck, der sich verschlimmert hatte, seit sie mit ihrer Abschiebung rechnete. Am Morgen hatte man sie blutüberströmt im Bad gefunden, mit einer Schere hatte sie sich die Unterarme zerfetzt. Wu-Lin kniete neben ihr, hatte alles mit angesehen. Der Zustand der Mutter war kritisch, sie hatte sehr viel Blut verloren.

Jetzt wusste ich, was sich vor dem inneren Auge Wu-Lins abspielte. Sie sah ihre blutende Mutter. Ich musste ihr zeigen, dass das Blut gestillt war. Dass sie gut versorgt in einem weißen Krankenhausbett lag. Die Sachbearbeiterin im Jugendamt hatte den Namen des Krankenhauses genannt, gewiss nicht, um mich zu einem Besuch zu animieren. Der war streng genommen gegen die Regeln, doch die Sachbearbeiterin sah das vollkommen verstörte Kind ja nicht. Sie saß an ihrem Schreibtisch und hatte manchmal keine Ahnung von der Praxis. Je nach Sachbearbeiterin waltete mehr Theorie oder mehr Praxis. Wenn ich praktisch gegen die Theorie verstieß, konnte das schlimme Folgen für meine Zukunft als Pflegemutter haben. Aber Wu-Lin war in großer, verzweifelter Not.

Wie war ich erleichtert, als ich im Krankenhaus hörte, dass sich der Zustand der Mutter stabilisiert hatte. Wachsbleich mit bandagierten Unterarmen und Händen lag sie in einem weißen Bett. Nirgendwo ein Tröpfchen Blut. Die kleine Hand Wu-Lins löste sich aus meiner. Schnell lief sie zum Bett ihrer Mutter, hob die Decke hoch, um nachzusehen, kniff die Augen zusammen, untersuchte konzentriert. Alles sauber, alles weiß. Sie schaute zu mir und nickte. Ich hatte sie nicht belogen. Die schmalen hochgezogenen Schultern entspannten sich ein kleines bisschen.

Von einer Krankenschwester erfuhr ich, dass Wu-Lins Mutter geglaubt hatte, sie würde mit ihrer Tochter zurück nach China geschickt und dort würde man ihr das Kind wegnehmen. Sie hoffte, wenn sie sich selbst tötete, könnte sie wenigstens ihrer Tochter das Schicksal ersparen. Wenn sie weg wäre, könnte das kleine Mädchen in Deutschland bleiben, weil Deutschland ein freies Land ohne Ein-Kind-Politik war, und dort sicher und in Frieden leben und irgendwann einmal so viele Kinder bekommen, wie sie sich wünschte. Wu-Lins Mutter wollte sterben, um ihre Tochter zu retten.

Wu-Lin blieb nur eine Woche bei mir, dann wurde ihre Mutter aus dem Krankenhaus entlassen, und ihre Tochter durfte zu ihr. Diese eine Woche hätte sie am liebsten auf meinem Schoß verbracht. Sie aß wenig, sprach kaum, obwohl sie überraschend gut Deutsch konnte, einmal sagte sie sogar ein langes Gedicht auf, spielte aber nicht mit den anderen Kindern, wollte immer nur ganz dicht bei mir sein, und diesen Wunsch erfüllte ich ihr, so gut es ging. Dann wurde sie von einer Mitarbeiterin des Jugendamts abgeholt. Wie ging ihr Leben und das ihrer Mutter weiter? Ich weiß es nicht. Hier endet die Befugnis einer Pflegemutter, auch wenn ich die beiden unvergessen in meinem Herzen trage.

Bereitschaftspflege, Kurzzeitpflege, Langzeitpflege, Vollzeitpflege

Eine Pflegemutter weiß nie hundertprozentig sicher, wie viele Tage, Wochen, Monate, Jahre die Kinder bei ihr bleiben, denn nicht immer trifft die Prognose des Jugendamts zu. Kinder wie Wu-Lin kommen zuerst einmal in Bereitschaftspflege, das heißt, dass eine akute Bedrohung für das Kindeswohl besteht. Vielleicht musste eine alleinerziehende Mutter ins Krankenhaus, vielleicht hat es eine akute Entgleisung in der Familie gegeben, Gewalt, Missbrauch, oder ein Kind hat von sich aus Schutz gesucht, indem es sich beispielsweise einer Lehrerin anvertraute. Wenn dieser Notfall länger dauert, verändert er sich im Amtsdeutsch in eine Kurzzeitpflege, bei der zu erwarten ist, dass das Kind innerhalb von rund fünf Wochen in seine Familie zurückkehren kann. Von Langzeitpflege spricht man, wenn das Ende der Betreuung noch nicht absehbar ist, in der Regel ab der sechsten Woche. Unter Langzeit werden ein bis zwei Jahre verstanden. Verstreichen auch diese, ohne dass sich an der Familiensituation des Kindes etwas ändert, erhält das Kind Vollzeitpflege – es soll dauerhaft bleiben. Den Status Vollzeitpflege erfüllten auch Carina und Maximilian, woran man sieht, dass auch Dauer nicht wörtlich zu nehmen ist.

Eine Pflegemutter lebt nie in sicheren Verhältnissen, was die Verweildauer der ihr anvertrauten Kinder betrifft. Jederzeit kann das Telefon klingeln, und alles ist anders, ein Kind muss gehen, zwei andere kommen gleichzeitig, weil sie Geschwister sind und man sie nicht trennen möchte, bei einem dritten wird der Umgang geändert, ein viertes, das schon mal da war, kehrt zurück, weil es daheim doch nicht wie erhofft geklappt hat. Von einem Taubenschlag zu sprechen wäre übertrieben, doch jede Veränderung der Situation bringt Unruhe in die Pflegefamilie. Die muss sich ja immer wieder neu finden. Nicht nur die Pflegemütter müssen sich schnell auf veränderte Umstände einstellen, sondern auch die übrigen Familienmitglieder. Es ist mir klar, dass ich meinen Kindern, vor allem meinen leiblichen, einige Unwuchten zugemutet habe.

Es kommt einem Drahtseilakt gleich, zu behüten und zu beschützen und sein Bestes zu geben, ja, auch zu lieben, aber eben in dem Bewusstsein, dass die Beziehung zum Pflegekind abrupt enden kann. Ein Kind kann auch zur Adoption freigegeben werden, zu einer anderen Pflegefamilie kommen oder in ein Heim. Zwar wird das Kind ab einem Alter von zwölf Jahren nach seinem Wunsch gefragt, doch letztlich entscheidet das Jugendamt. Oft habe ich mir gewünscht, einem Kind eine langfristige Perspektive geben zu können. Doch ich bleibe dabei immer

realistisch und bin ehrlich zu den Kindern. Meine Glaub-
würdigkeit dem Kind gegenüber ist extrem wichtig.

Viele Menschen meinen, dass ein Pflegemutterverhält-
nis automatisch in eine Adoption mündet. Das ist jedoch
sehr, sehr selten, zumal die Adoptionsbestimmungen in
Deutschland extrem anspruchsvoll sind und das Ein-
verständnis der leiblichen Eltern erfordern. Eine alleinerziehende Mutter würde gar kein Kind bekommen, nur
ein Ehepaar. Doch ich kenne auch einen Fall, in dem eine
verheiratete Mutter den Säugling, den sie in Bereitschaftspflege aufnahm, Jahre später adoptierte, nachdem sie die
üblichen Stadien durchlaufen hatte von der Kurzzeit- zur
Langzeitpflege bis hin zur Vollzeitpflege.

Zerreißprobe

Ich glaube, dass es für eine Mutter sehr schwer ist, sich
einzugestehen, dass sie im Moment nicht gut für ihr
Kind sorgen kann. Deshalb nehme ich es keiner Mutter
übel, wenn sie dieser Erkenntnis ausweicht. Ich strebe
einen klaren, sachlichen, freundlichen Kontakt an, der
idealerweise bei den Eltern der Vollzeitpflegekinder in
eine gute Beziehung mündet. Natürlich gehört das Wissen um die Familiengeschichte eines Kindes dazu. Nur
wenn ich seine Herkunft kenne, kann ich manche seiner
Verhaltensweisen richtig deuten. Aber ich will mich
nicht in den Familiengeschichten der Herkunftsfamilien verheddern. Stattdessen versuche ich herauszufinden, warum eine Beziehung zwischen Eltern und
Kindern scheiterte. Oft ist es mir gelungen, die seeli-
schen Verletzungen zu heilen, sodass Kinder wieder guten Kontakt zu ihren leiblichen Eltern aufbauen konn-

ten, aber dazu durften sie in keiner Konkurrenz zu mir stehen. Für die Pflegekinder kann es zu einer Zerreißprobe werden, wenn sie das Gefühl haben, sich zwischen der Herkunfts- und Pflegefamilie entscheiden zu müssen. Wenn sie bei ihrer Herkunftsfamilie nichts Schönes von der Pflegefamilie erzählen dürfen. Wenn sie bei mir unsicher sind, wie sie über ihre Eltern sprechen sollen. Wenn sie selbst nicht wissen, wie sie diese Konstellation einordnen sollen, wo doch alle »normalen« Kinder eine »echte« Familie haben, idealerweise mit Mama und Papa. Wir überfordern die Kinder, wenn wir von ihnen verlangen, sich zu entscheiden. Kein Kind möchte seine Eltern verletzen, weder die leiblichen noch die Pflegeeltern. Wer Kinder vor diese Wahl stellt, setzt sie großem Stress aus. Und wozu? Wie sollen sie in ihr Leben finden und reifen, wenn ihnen die Wurzeln abgeschnitten werden?

Bei größeren Kindern können Probleme mit der Herkunftsfamilie thematisiert werden, die kleinen sind auf andere Hilfen angewiesen. Sie müssen spüren, dass alles so, wie es ist, in Ordnung ist. Ich konkurriere nicht mit ihrer leiblichen Mutter, ich habe sie lieb, solange sie mich brauchen. Und ich werde alles Mögliche tun, damit sie schnell in ihre Familie zurückkönnen. Das zeige ich den Kindern, indem ich mit ihren Eltern Kontakt halte, sie entspannt zu den Treffen begleite, freundlich im selben Raum sitze, ohne mich einzumischen, einfach wie ein Sicherheitsnetz. Vielleicht erzähle ich mal eine nette Begebenheit aus den letzten Tagen, was das Kind Tolles gemacht hat. Das Kind soll spüren, dass es seine Mama lieb haben darf, ohne dass mich das verletzt.

Manche Pflegeeltern wünschen sich, einen kleinen Menschen ganz zu besitzen, und würden gern seine Vergangenheit auslöschen. Doch das ist nicht möglich und bringt sehr viel Leid auf allen Seiten. Es ist aber auch menschlich. Wir möchten, was wir lieben, oft gern für uns alleine haben. Ich denke da manchmal an die zwei Mütter, die in der Bibel vor König Salomon um ein Kind stritten. Das »salomonische Urteil« des Königs klingt zuerst grausam, ist aber eine sehr weise Entscheidung.

Ein Pflegekind bringt seine Familie im Gepäck mit, und alle, die dazugehören, bekommen einen Platz bei mir. Im Alltag erinnere ich das Kind immer wieder, besonders am Anfang und wenn es noch recht klein ist. »Hat dir deine Mami auch vorgelesen?«

Kopfschütteln.

»Ach, hat sie nicht?«

Kopfschütteln.

»Bestimmt hat sie viel zu tun gehabt und war abends oft müde.«

Nicken.

»Aber weißt du was, wenn wir das jetzt immer machen und ich dir ein Buch mitgebe, wenn du wieder zu deiner Mami ziehst … dann kannst du das Buch vor dem Einschlafen mit deiner Mami zusammen anschauen.«

Ich versuche herauszufinden, was den Kindern in ihrem Alltag gut gefallen hat. Ein Kind hörte beispielsweise jeden Sonntagmorgen eine bestimmte Radiosendung. Indem es sie bei uns hörte – wir alle wurden schließlich Fans –, hielt es eine Verbindung in seine Familie aufrecht. Auch in dem Spruch »Liebe geht durch den Magen« steckt viel Wahres. Sage ich zu einem Kind: »Heute habe ich dein Lieblingsessen gekocht, das isst du doch bei deiner Mama auch so gern«, zeige ich ihm, dass sein altes Leben auch gute Seiten hatte – und jetzt ist eben gerade eine andere Phase, die das Kind hoffentlich ebenfalls in guter Erinnerung behält.

Auch Kinder, die niemals aus ihren Familien herausgenommen werden, erleben öfter Zerreißproben, wenn beispielsweise ihre Eltern ihre Freunde nicht mögen. Oder manchmal gibt es innerhalb von Familien Konkurrenz um ein Kind. Zwei Omas überbieten sich mit den Geschenken, weil jede die Lieblingsoma sein will. Die Kinder werden instrumentalisiert, die eine Oma versucht, das Kind über die andere auszuhorchen und umgekehrt. Und auch wenn Kinder verbale Sticheleien nicht verstehen können, sie spüren, dass da etwas nicht stimmt, und weil sie Kinder sind, beziehen sie es häufig auf sich. Sie haben etwas falsch gemacht, meinen sie dann. An ihnen liegt es. Und dann versuchen sie herauszufinden, wie sie sein sollen, damit ein Großer zufrieden ist – das kann dabei auch ein Lehrer, ein Sporttrainer, ein Nachbar sein –, und ein Teil ihrer eigenen Wurzeln stellt das Wachstum ein …

Wenn sich herauskristallisiert, dass ein Pflegekind länger bleibt, dass es wahrscheinlich nie wieder zu seinen Eltern zurückkehrt, wird der Umgang mit den leiblichen Eltern, der vorher noch gefördert wurde, um die Verbindung zu halten, eingeschränkt. Das Kind soll sich so gut wie möglich in der Pflegefamilie eingewöhnen und sich nicht hin- und hergerissen fühlen. Kontakt zu den Eltern gibt es dann vielleicht einmal im Monat. Leider wird dieser von den Eltern nicht immer wahrgenommen, und einer oder beide erscheinen nicht zum Termin. Das ist furchtbar für das Kind, und ich flunkere dann ein bisschen, um die Abwesenheit zu erklären: »Bestimmt war der Papa im Stau. Nächstes Mal kommt er sicher.« Denn Kinder neigen dazu, die Schuld bei sich zu suchen. In ihrer kleinen Welt sieht es so aus: Ich bin schlecht, ich bin böse, ich war nicht artig, deshalb ist Papa nicht gekommen. Papa hat mich nicht mehr lieb. Nun, damit liegt das Kind vielleicht gar nicht so falsch. Und wenn der Vater mehrere Termine versäumt, wird das Jugendamt noch einmal neu über die Umgangsregelung nachdenken. Dass dieser Vater seinerseits Stein und Bein schwört: »Ich wollte mein Kind sehen, aber das Jugendamt hat es verboten«, und dass sein Kind das später gerne glaubt, ist die bekannte Geschichte der unverbrüchlichen Treue der Kinder zu ihren Eltern.

In unserer erwachsenen, funktionierenden Welt ist sehr wenig Platz für die Wahrnehmungen der Kinder. Doch wir alle waren einmal Kinder, und um Kinder zu verstehen, ist es hilfreich, sich zu erinnern. Als Erwachsene kommen wir vielleicht gar nicht auf die Idee, uns verantwortlich zu fühlen für eine Verspätung, eine komische Bemerkung, das Scheitern der Beziehung unserer Eltern. Für Kinder ist das naheliegend. Hätte ich mein Zimmer immer aufgeräumt, hätten Mama und Papa nicht so oft streiten müssen und sie hätten mich nicht weggegeben. Diese entsetzliche Gewissheit vergraben die Kinder tief in sich, und oft dauert es lang, wenn überhaupt, bis sie sich einem anderen Menschen, häufig einem anderen Kind anvertrauen.

Deshalb ist der Umgang mit anderen Kindern auch so wichtig, zumal im gemeinsamen Spiel sehr viele Konflikte gelöst werden. Nicht nur einmal wurde ich Zeuge von aufschlussreichem Puppenspiel. Bei meinen Kin-

dern traten andere Personen auf, als es wohl herkömm-
lich der Fall ist, wenn Mädchen mit Puppen spielen, und
oft spielten auch die Jungs mit. Matayo übernahm am
liebsten die Rolle der Dame vom Jugendamt. Sabine gab
die gestresste Mutter, Kerstin den Vater, der immer
arbeitete, und wenn Gioia sich herabließ, mitzuspielen –
schließlich war sie dafür eigentlich zu alt –, schlüpfte sie
gern in die Rolle der Pflegemutter. Es war kaum zu
fassen, wie wirklichkeitsgetreu die Kinder das Amtsdeutsch benutzten. Manchmal erschrak ich fast ein bisschen, es erinnerte mich aber auch daran, dass man Kindern nichts vormachen kann und sie mehr mitkriegen,
als Erwachsene glauben.

Überforderte Mutter: »Ich brauche dringend Unterstützung! Dieses Kind kostet mich den letzten Nerv!«

Jugendamt: »So geht das nicht, Frau Müller. Sie können nicht dauernd Ansprüche stellen.«

Überforderte Mutter: »Für was haben wir denn den
Staat, wenn er einen im Stich lässt?«

Pflegemutter: »Tatü-tata, ich bin schon da.«

Überforderte Mutter: »Ich habe eben nicht immer
Zeit.«

Vater: »Und ich arbeite von morgens bis abends, damit
sich meine Frau schöne Kleider kaufen kann.«

Jugendamt: »Wir werden wohl oder übel einen neuen
Termin anberaumen müssen, damit sich alle an einen
runden Tisch setzen. Der Umgang mit dem Kind muss
besser geregelt werden. Sie müssen Ihre Besuchskontak-
te einhalten.«

Vater: »Können wir jetzt was anderes spielen?«

Wenn Kinder von ihren Eltern sehr enttäuscht sind
oder einfach nur einen Ausweg aus ihrer trostlosen Lage

suchen, beginnen sie manchmal, die Eltern extrem zu idealisieren. Der Vater, der alle Termine versäumt, stand nicht im Stau, sondern wohnt in einem Schloss mit zehn Millionen Dienern, und würde er nicht dauernd arbeiten, wäre die ganze Welt kaputt. So wichtig ist der Vater. Und die Mutter ist die schönste Frau auf der ganzen Welt und kann außerdem fliegen. Auch wenn Erwachsene solche Schilderungen als Beweis für eine blühende Fantasie vielleicht tolerieren, führt es unter Kindern zu Streitereien.

»Schlösser gibt es doch gar nicht.«

»Doch!« Das Kind verrennt sich immer mehr in seiner Geschichte und findet dann manchmal nicht mehr heraus und isoliert sich selbst. Hier sollte man eingreifen und dem Kind helfen, seine Eltern wenigstens ein Stück weit realistisch zu sehen, was wichtig ist, um ihm eine gute Möglichkeit zu schaffen, sich trotz allen Kummers mit seiner Herkunft zu verbinden. Kinder sollen auch stolz auf ihre Eltern und deren Berufe sein. Wenn es daran gelegentlich mangelt, erzähle ich ihnen, was für eine wichtige Aufgabe ein Busfahrer hat, oder dass niemand mehr etwas einkaufen könnte, wenn es keinen wie ihren Vater gäbe, der die Regale im Supermarkt einräumt.

»Müssten wir dann verhungern?«, fragt das Mädchen.

Ich will ja nicht lügen und überlege, was ich antworten soll, da ruft ein anderes Kind: »Bestimmt! Ich will, dass mein Papa Regaleinräumer ist.«

»Was kennt ihr denn noch für Berufe?«, frage ich.

Anton, unser kleines Schlitzohr, lacht: »Regalausräumer.«

Kleine Kinderschultern sind zu schmal für große Verantwortung: Sabine

Die sechsjährige Sabine wurde in verwahrlostem Zustand gegen 22 Uhr von aufmerksamen Mitmenschen auf einem Spielplatz »gefunden«. Polizei und Jugendamt ermittelten, dass ihre Mutter obdachlos geworden und in einen Container gezogen war. Um die Toilette zu erreichen, musste das Kind nachts ein Stück über einen unbeleuchteten Parkplatz laufen. Das war kein sicherer Aufenthaltsort, und so wurde Sabine in Obhut genommen. Am nächsten Morgen wurde ich gefragt, ob ich einen Notfall beherbergen könnte, nur für ein paar Tage, bis man mehr über den Fall wisse. Aus den paar Tagen wurden schließlich zwölf Jahre, es geht also auch anders als bei Carina und Maximilian, aus kurz kann lang werden.

Sabine war sehr angespannt, als sie zu uns kam. Im Gegensatz zu anderen Kindern half es ihr nicht, dass sie auf Gleichgesinnte traf. Oft ist es eine Erleichterung für die Kinder, wenn sie merken, dass es nicht nur ihnen so ergangen ist, dass es andere gibt, die auch kein schönes Zuhause haben oder von ihren Eltern getrennt wurden. Kinder leiden sehr darunter, wenn sie von der Norm abweichen. Die Gesellschaft gibt das Bild der heilen Familie vor, und Kinder möchten unbedingt dazugehören, konform sein. Wer anders ist, wird leider oft ausgestoßen, gemobbt. Das habe ich auch bei meinen Pflegekindern beobachtet: Selbst wenn die Kinder sich bei uns wohlfühlten und aufblühten, waren sie als kleine Menschen nicht stark genug, den Ausgrenzungen durch Schulkameraden etwas entgegenzusetzen, die das Leben in einer Pflegefamilie – in unserem Fall noch dazu ohne Vater – verspotteten: »Du hast ja nicht mal eine richtige Familie.« Eines meiner Mädchen litt ganz besonders unter den Hänseleien. Für ihren Ethikunterricht bastelte ich eine Collage als Familienfoto: Sie selbst mit ihrer Schwester, die ebenfalls bei mir lebte, meine eigenen Kinder und Enkel und vier weitere Pflegekinder, mit denen sie aufwuchs, sowie Hund und Katz. In der Schule zeigte sie das Bild mit den Worten: »Das ist meine Familie!« Von diesem Moment an wurde sie in Ruhe gelassen, wenn nicht sogar ein bisschen beneidet um so eine kunterbunte, fröhliche Gemeinschaft.

Sabine hatte anfänglich große Schwierigkeiten, sich unserer Familie anzuschließen, ja, mehr noch: Sie verweigerte sich. Ihre Mama hatte ihr gesagt, dass sie die Situation schnell geklärt haben und Sabine holen würde. Somit brauchte Sabine nicht mit uns zu reden oder das andere Mädchen in ihrem Alter, Kerstin, näher kennenzulernen. Kerstin war kein offizielles Pflegekind, sondern die Tochter einer guten Freundin, die als Freiberuflerin keinen Betreuungsplatz für ihr Kind gefunden hatte. Ich kümmerte mich seit ihrer siebten Woche mit großer Freude um Kerstin, die von Montag bis Freitag tagsüber bei mir war. Am Wochenende war sie bei ihrer Mutter, doch es gab im Lauf der Zeit auch einige gemeinsame Urlaube. Aber für Sabine waren wir alle doof. Und weil sie ja bald von ihrer Mama abgeholt werden würde, brauchte sie kein Fach für ihre Spielsachen oder sich die Haare waschen zu lassen, sondern meinte nur: »Meine Mama holt mich bald, und die macht das dann.« Ja, nicht mal einen Schlafanzug wollte sie am ersten Abend anziehen.

Am nächsten Tag erklärte ihr eine Mitarbeiterin des Jugendamtes geduldig, dass ihre Mama Zeit brauche, bis sie eine schöne neue Wohnung gefunden hätte.

»Aber ich kann doch wieder in den Container. Da war ich vorher auch mit meiner Mama.«

»Ja, das wissen wir, aber ein Container ist kein guter Platz für ein Mädchen in deinem Alter.«

In ihrem tiefsten Inneren sah Sabine das anders, nein, ihre Mutter sah es anders, und das brachte das Mädchen in ein Dilemma. Sie durfte sich nicht bei uns einfügen, weil es ihre Mutter nicht wollte. Sabines Mutter hielt die Inobhutnahme ihrer Tochter für reine Schikane. Sie war überzeugt, dass sie selbst gut für ihr Kind sorgte. Der Container war nur eine Zwischenlösung.

Sabine fühlte sich für alles verantwortlich – auch bei uns. So war sie es wohl gewohnt, weil sie immer auf ihre Mama aufgepasst hatte. Sabine überprüfte meine Einkaufslisten, kontrollierte, ob genug Klopapier vorrätig war, fragte die anderen Kinder, ob sie ihre Hausaufgaben gemacht hätten, erinnerte sie daran, ihre Zimmer aufzuräumen, und mich an Termine, oder sagte: »Heute war ein anstrengender Tag. Du musst bald schlafen gehen.« Oder: »Du sollst mehr Gemüse essen, das ist gesund.«

In der ersten Zeit konnte ich diese alles andere als altersgerechten Bemerkungen nicht einordnen. Ich vermutete zwar, dass Sabine ihre Mutter bemuttert hatte, doch welche großen Sorgen tatsächlich auf den kleinen

Schultern lasteten, begriff ich eines Nachmittags geradezu schlagartig. Ein kräftiges Gewitter ging nieder, und Sabine stand regungslos am Fenster und starrte hinaus. Hatte sie Angst vor Blitz und Donner? Nein, sie zuckte nicht zusammen, wenn es krachte. Ich behielt sie unauffällig im Auge.

»Es regnet«, sagte sie schließlich.

Ich stellte mich neben sie. »Ja.«

Sie schaute weiter nach draußen und sagte: »Es regnet aber sehr stark.«

»Ja, das stimmt.«

Wieder eine lange Pause. Dann: »Da sind die Straßen nass.«

»Ja.«

Sabine atmete schwer. »Ist das sehr gefährlich, wenn man mit dem Auto fährt?«

Was ging in dem kleinen Mädchen vor? Ich antwortete: »Wenn man vorsichtig fährt, ist es nicht gefährlich.«

Nach einer langen Pause fragte sie bedrückt: »Meinst du, meine Mama fährt gerade in einem Auto?«

»Ich glaube bestimmt, deine Mama ist jetzt zu Hause.«

»Das wünsche ich mir. Ganz fest wünsche ich mir das.«

»Kannst du mal bitte den Tisch decken«, versuchte ich sie abzulenken.

Als Sabines Mutter eine eigene Wohnung gefunden hatte, durfte sie ihre Tochter übers Wochenende zu sich nehmen. In der Wohnung zeigte sie Sabine als Erstes einen leeren Koffer. »Der ist für deine Sachen, wenn ich dich zu mir hole.«

Und so wartete Sabine, die sich gerade ein bisschen eingewöhnt hatte, angespannt auf ihre Mama mit dem Koffer. Sabines Mutter konnte sich nur schwer in andere

Menschen hineinversetzen, weil sie sich selbst nicht gut spüren konnte und ein zutiefst unglücklicher Mensch war. Und Sabine gab sich die Schuld daran. Denn war es nicht ihre Aufgabe, die Mama glücklich zu machen? Sie trug die Verantwortung dafür, dass sie der Mama weggenommen worden war. Sie hätte abends nicht auf dem Spielplatz sein dürfen. Sie machte ihre Mama traurig. Sie war ein böses Mädchen.

Der Muttersegen

Ein Kind braucht eine »offizielle Erlaubnis« seiner Eltern, sich auf die Pflegesituation einlassen zu dürfen. Wenn die Mutter ihm mit auf den Weg gibt: »Ich finde das super, dass du eine Weile bei Frau Pein wohnen kannst«, wenn sie dem Kind wie in Sabines Fall noch einen Grund dazu nennen könnte: »Du weißt ja, dass du bei mir gerade nicht bleiben kannst, weil wir kein richtiges Zuhause haben«, wenn sie das Kind lockt: »Ich bin so froh, dass wir einen guten Platz für dich gefunden haben. Da geht es dir bestimmt gut«, und ihm schließlich ihren Segen gibt: »Wie schön, dass alles so gut läuft und du in eine so nette Familie kommst« – dann kann das Kind innerlich Ja sagen zu dieser Veränderung und versteht sich als Team mit seiner Mutter. Mama hat ein Problem, das Kind hilft mit, es zu lösen, indem es sich gut in die Pflegefamilie einfügt. Wenn es erst einmal da ist und seine neuen Spielkameraden kennenlernt, dann gliedert es sich oft wie von selbst ein und kann nach kurzer Zeit schon schöne Momente erleben, das ist das Wundervolle an Kindern unter zehn Jahren. Je älter sie sind, desto schwieriger ist der Übergang, denn dann sind sie mehr in ihrem gewohnten Alltag verwurzelt, vermissen ihre Freunde. Damit möchte ich nicht sagen, dass ein kleines Kind seine Eltern vergisst, nein, aber durch den Segen der Mutter, des Vaters, wird ihm die Eingewöhnung erleichtert.

Und auch für die Pflegemutter ist es einfacher, wenn die Eltern in ihr eine wohlgesinnte Helferin sehen. In der harmonischen Vollzeitpflege kommt es dann zu kuriosen Situationen. Neulich war die Mutter eines Pflegekindes da, das seit seinem zweiten Lebensjahr bei mir wohnt, und die beiden wollten zusammen spazieren gehen.

»Mama, wo sind meine Winterstiefel?«, fragte das Kind seine Mutter, zu der ich einen guten Kontakt habe und die uns gelegentlich besucht.

»Frag doch die Mama«, antwortete die Mutter. »Ich weiß das nicht.«

Ich hörte den kurzen Dialog von der Küche aus und schmunzelte. So mag ich es: Jeder hat seinen Platz, und keiner fühlt sich weggedrängt oder ausgeschlossen. Es gibt ein Kind und zwei Mütter, die für sein Wohl sorgen, ihm das Beste wünschen. Die leibliche Mutter, »deine« Mama, und »die« Mama, also mich.

Ein so unkomplizierter, ja ich möchte sagen freundschaftlicher Umgang ist leider nicht die Regel. Wenn ich ein Kind aufnehme, ist das Kind ja nicht isoliert. An ihm hängt eine Familie mit all ihren Verstrickungen und Problemen, und oft muss ich in der ersten Zeit vor allem achtgeben, nicht selbst verstrickt und verwickelt zu werden, weil mir manche Eltern einen Platz zuweisen möchten, der nichts mit der Realität zu tun hat. Sie sehen im Jugendamt eine willkürlich handelnde, böse Institution, die ihnen ihr Kind stiehlt – und in mir die Erfüllungsgehilfin. Aus diesem Grund erfahren die Eltern anfangs nicht, wohin ihr Kind gebracht wird, denn manche Eltern würden versuchen, es zu entführen. Erst wenn sich die Situation stabilisiert hat, lernen sich Eltern und Pflegemütter kennen – an einem neutralen Ort. Kleinere Kinder brauchen unbedingt bald Kontakt zur Mutter, sonst besteht die Gefahr, dass sie nach einer zu langen Pause fremdeln. Diese Treffen sind in der Anfangsphase auch wichtig, damit sich die Mitarbeiter des Jugendamts ein Bild von der Lage machen können; sie finden unter Aufsicht einer Fachkraft statt, die dann eine Empfehlung für die weitere Vorgehensweise formuliert.

Elternzeit

Manche Pflegekinder kommen gut damit klar, gelegentlich ihre Eltern zu sehen, andere bringt das völlig aus dem Gleichgewicht. Ich versuche, die Kinder positiv auf die Begegnung einzustimmen, ohne sie in ihrer Hoffnung zu bestärken, die Mami, der Papi würden sie wieder mit nach Hause nehmen, was sie sich in den allermeisten Fällen wünschen. »Wollen wir einen Kuchen für deine Mami backen und ihn ihr mitbringen? Weißt du, was für Kuchen sie gerne mag?«

»Apfelkuchen und Käsekuchen!«

»Ja, dann machen wir heute einen Apfelkuchen, und wenn wir sie das nächste Mal treffen, einen Käsekuchen.« Mit solchen Sätzen bereite ich die Kinder darauf vor, dass sie nach dem Treffen wieder mit mir zurückkommen. Wenn schon guter Kontakt zu einem Elternteil besteht, kann ich auch eine Bitte äußern oder ausrichten lassen: »Können Sie bitte die Puppe mit den roten Haaren mitbringen, die wird sehr vermisst.« Auf der Fahrt zum Treffen erinnere ich das Kind noch einmal an die Regeln: »Du weißt, dass wir jetzt gemeinsam deine Mama treffen, und später fahren wir gemeinsam wieder zu mir nach Hause. Die Mama geht nicht mit uns mit.«

»Ja, weiß schon«, sagen sie und weinen dann doch bitterlich.

Ich möchte den Abschied so leicht wie möglich für das Kind machen und vermeide es, gemeinsam mit den Eltern auf der Straße zu stehen – sie gehen nach rechts, das Kind und ich nach links. Das empfinden die Kinder als schmerzhaftes Auseinanderreißen. Besser ist es, die Eltern verlassen den Raum zuerst und ich bleibe noch eine Weile mit dem Kind. Das Kind weint trotzdem. Dass muss ich aushalten. Ich denke nicht, dass es doch froh sein kann, diesen gefühllosen Menschen los zu sein, der es verprügelt hat, ihm nichts zu essen gab, ihm drei Rippen brach. Aus Versehen, das versteht sich von selbst. Ich fühle mich in das Kind hinein. Der Mensch, den es am besten auf der Welt kennt, der von Anfang an da war, die Menschen, von denen es abstammt, entfernen sich. Manchmal kommt es mir so vor, als gäbe es unsichtbare Familienbande, die das Kind mit aller Macht hin zu seinen Eltern treiben, auch wenn es dort wenig Schönes erfahren hat. Ich spüre die Trauer des Kindes und akzeptiere sie. Und nach einer Weile richte ich seinen Blick auf die Zukunft. »Schau«, sage ich. »Nächste Woche treffen wir deine Mama schon wieder, das ist nur sieben Mal schlafen. Und wir können tolle Sachen in der Woche machen, die kannst du ihr dann alle erzählen.«

Schniefen. Schließlich ein neugierigeres: »Was für Sachen?«

Und dann zähle ich die Angebote auf, die ich mir vorher zurechtgelegt habe. Der Schokoladenpudding ist natürlich langweilig, das Pilzesuchen klingt spannender, und mit dem Besuch im Pferdestall bricht die Sonne durch die Wolken.

»Hebst du mich auch drauf?«

»Ja, da gibt es ein Pony, und ich heb dich drauf. Du darfst reiten, das versprech ich dir.«

So ein Versprechen darf man nie, nie, niemals vergessen. Ich bin oft erschüttert, wie häufig Erwachsene Kindern etwas versprechen, das sie nicht einhalten. Ich glaube, das rührt daher, weil sie den Kindern nicht ihre volle Aufmerksamkeit zuwenden. Es geschieht halbherzig, und sie sind in Gedanken ganz woanders. Ja, es mag sich um Kleinigkeiten handeln, doch wir alle wissen, wie schnell wir als Kinder verletzt waren, wenn wir das Gefühl hatten, dass wir nicht ernst genommen wurden, dass wir den Großen lästig waren.

Wenn ein Kind ein Bild oder viele für seine Eltern gemalt hat, eine ganze Woche lang jeden Tag voller Eifer und Liebe, und die Eltern diese Gaben dann achtlos liegen lassen, bricht mir schier das Herz. Sobald ich diese Katastrophe kommen sehe, versuche ich, die Zeichnungen heimlich an mich zu nehmen, um dem Kind diesen Schmerz zu ersparen.

Ich habe aufgehört, darüber nachzudenken, warum das alles so ist. Warum es Kinder gibt, deren Probleme darin bestehen, dass der Akku ihres Handys nur zehn statt zwanzig Stunden reicht, und andere, die für ihre Eltern, die sie gequält haben, Bilder von Sonnen und Häusern zeichnen und daneben zwei große und ein kleines Männlein und alle lachen. Es ist so.

Die meisten Mütter sind überfordert von der Besuchssituation, die ja wirklich sehr schwierig ist. Man darf sein eigenes Kind nur für eine begrenzte Zeit an einem neutralen Ort sehen und hat keine Kenntnis über seinen Aufenthalt. Ja, das stimmt, aber es hat eben auch eine Vorgeschichte gegeben – die von manchen Eltern komplett ausgeblendet wird, und das macht die Begegnungen nicht leichter. Manchmal bringen Mütter etwas zu essen für das Kind mit, seine Lieblingsspeisen, und stopfen es während der Begegnung regelrecht voll. Davon hat das Kind gar nichts, und das versuche ich den Müttern auch zu verdeutlichen. Gerade am Anfang, wenn noch nicht geklärt ist, wie lange ein Kind bleibt, kann man sich schon mal einmischen, auch die Mitarbeiterin vom Jugendamt, die ja immer dabei ist, um die Lage besser einschätzen zu können. Sobald eine Kurzzeit- in eine Langzeitpflege übergeht, vergrößern sich die Abstände der Besuche. Das Kind soll vollständig ankommen in seinem neuen Leben und nicht immer wieder herausgerissen werden. Ändert sich an diesem Status etwas, erwägt man vielleicht sogar eine Rückkehr in die Herkunftsfamilie, dann wird der Kontakt wieder intensiviert und kann in der Anbahnungsphase auch täglich stattfinden.

Kinder im Knast

Zwei Pflegekinder habe ich ins Gefängnis begleitet, wo sie ihre Mutter besuchen konnten. Es war beklemmend für mich, trotz der Vorfreude der Kinder. Man darf nichts mitnehmen, sogar die Bilder, die die Kinder gemalt hatten, mussten abgegeben werden. Dann gingen wir durch eine Schleuse und durch lange Gänge mit vielen Türen, vor uns ein Vollzugsbeamter mit einem großen Schlüsselbund, es war wie im Film. Einen Besuchsraum in einem Münchner Gefängnis habe ich in schrecklicher Erinnerung, es gab nur einen Tisch mit Stühlen und die vergitterten Fenster. Im Frauengefängnis in Aichach war man auf Kinder eingestellt mit Spielecke und Kuschelkissen, da fühlten sich die Kinder wohler. So ein Besuch ist so schnell vorbei, und es ist schwierig, in so kurzer Zeit Nähe herzustellen. Ein behaglicher Raum hilft dabei. Trotzdem war die junge Mutter so hilflos und traurig und verzweifelt, dass ich sie am liebsten auch noch mitgenommen und aufgepäppelt hätte. Doch sie war zwanzig, sie konnte sich noch fangen, wie eine andere Mutter, deren Kind ich auch lange begleitete. Sie war nicht im Gefängnis, sondern hatte psychische Probleme. Als es ihr wieder besser ging, besuchte sie mich mit einem riesengroßen Rosenstrauß und bedankte sich dafür, dass ich ihrem Sohn dabei geholfen hatte, einen guten Lebensweg zu finden. Und dann sagte sie etwas, das mich noch heute sehr rührt: »Am meisten bedanke ich mich aber bei Ihnen, dass ich die Mutter meines Kindes bleiben durfte. Dass Sie mich nie verdrängt haben, dass Sie meinen Sohn immer daran erinnert haben, dass er eine Mutter hat, auch wenn ich ihm keine gute war, dass er wusste, dass es mich noch gibt. Das ist mein größtes Geschenk, denn er hat mich nicht vergessen, und so darf ich heute wieder ganz seine Mutter sein.«

Als Pflegemutter habe ich viele unterschiedliche Menschen kennengelernt, um die ich normalerweise einen riesengroßen Bogen gemacht hätte: Kriminelle, Drogensüchtige, psychisch Kranke, Menschen, die am Rande der Gesellschaft leben, Alkoholiker. Menschen, die sich dann als ganz anders erwiesen, als ich es mit manchen Vorurteilen vermutet hätte. Auch sie lieben ihre Kinder, doch nicht immer können sie sie so gut versorgen, wie es nötig wäre. Und gelegentlich behandeln sie ihre Kinder lieblos und schlimmer. Nicht immer sind sie dafür in die volle Verantwortung zu nehmen, wie zum Beispiel bei einer Suchterkrankung. Leider kommt die Hilfe von außen oft zu spät. Weil niemand genau hinschaut, weil niemand sich einmischt. Gelegentlich kann ich es kaum fassen, wie viel Leid manch kleiner Mensch ertragen muss, ehe er mal ein bisschen Kind sein darf. Durchschnaufen. Sich erholen. Im Laufe der Jahre habe ich Zustände gesehen und Geschichten gehört, die ich mir kaum hätte vorstellen können. Unter welch schrecklichen Bedingungen manche Menschen leben, und was ihre Kinder in der Folge für normal halten – sie kennen es ja nicht anders. Ich wollte nie verurteilen, sondern immer die Hintergründe erforschen, um nachzuvollziehen, warum jemand so geworden ist. Ich bin fest davon überzeugt, dass im Grunde niemand sein Kind schädigen möchte. Doch zuweilen erscheint das wie eine Konsequenz aus der eigenen Kindheit. Menschen, denen Leid angetan wurde, tragen ein erhöhtes Risiko, es fortzusetzen. Wir können nur das weitergeben, was wir bekommen haben.

Neulich las ich, dass man heute bereits bei einem sechsjährigen Kind mit hoher Wahrscheinlichkeit das Risiko einer späteren kriminellen »Karriere« bestimmen kann. Dies deckt sich mit meinen Erfahrungen. Zu den Risikofaktoren zählen laut der Wissenschaftler Umstände, die mir durch meine Kinder sehr vertraut sind, wie zum Beispiel Suchtproblematik der Eltern, Kriminalität oder psychische Erkrankungen im Elternhaus, konfliktreiche Familienstrukturen, große oder zerbrochene Familien, niedriges Einkommen, schlechte Schulleistungen. Ja, sogar der Wohnort spielt eine Rolle, da Kinder aus sozialen Brennpunkten leichter kriminellen Vorbildern nacheifern.

Die Kindheit ist kurz, das Leben ist hoffentlich lang, doch wie es verlaufen wird, das wird besonders in den ersten Jahren geprägt. Und so hat ein kleiner Mensch, angewiesen auf die Fürsorge der Großen, kaum Einfluss auf die negativen Faktoren, die sein späteres Leben bestimmen. Aber es ist nie verloren, wir dürfen kein Kind aufgeben. Und wenn ein Kind dann auch noch die Erlaubnis der Eltern spürt und innerlich Ja sagen kann zu seiner Pflegefamilie, gelingt es hoffentlich, diese Kette des Kummers in seinem Leben zu unterbrechen und später andere Erfahrungen an seine eigenen Kinder weiterzugeben.

Prinzesschen

Auf den ersten Besuch von Sabines Mutter war ich sehr gespannt und dann regelrecht erschüttert, denn Sabine verwandelte sich im Beisein ihrer Mutter in ein ferngesteuertes Wesen. Wie eine Marionette kam sie mir vor oder wie dressiert, als sie um ihre Mutter wuselte und mit hoher honigsüßer Stimme »Wuff, wuff, ich bin dein Hündchen« hervorstieß. Dann schleckte sie ihrer Mutter die Hand ab.

Die Mutter nannte ihre Tochter niemals beim Namen. Bei ihr hieß sie »mein Prinzesschen«. Und genauso verhielt Sabine sich. Das brach mir schier das Herz. Die Mutter schien nichts von den verzweifelten Versuchen

Sabines, es ihr recht zu machen, zu merken. Sie sah ihre Tochter gar nicht, sondern nur das Prinzesschen, für das sie neue Kleidung kaufte, sie steckte die Achtjährige in einen Minirock und ein Bustier, weil ihr die Mode aus meinem Fundus nicht gefiel. Nicht in die Füße, sondern tief ins Herz schnitten mir die neuen Schuhe. Sabine brauchte Winterstiefel, und die Mutter wollte welche kaufen. Abends brachte sie Sabine mit den neuen Schuhen zurück. Sie waren zwei Nummern zu klein. Trotzdem wollte Sabine sie jeden Tag anziehen. Nach und nach bekam ich heraus, dass ihre Mama im Geschäft ungeduldig geworden war und Sabine deshalb behauptet hatte, die Stiefel würden passen. »Damit ich meiner Mama keinen Kummer mache.«

Sabines Mutter vermied jeden Körperkontakt zu ihrer Tochter, nahm sie niemals in die Arme, stand stocksteif vor ihr und wirkte vollkommen erstarrt. Was musste diese arme Frau erlebt haben, um so einzufrieren? Die Besuche der Mutter waren eine Qual für mich, weil ich so gern eine Verbindung zu ihr aufgebaut hätte. Doch ich konnte sie nicht erreichen. Sie kam mir vor wie eine tragische Gestalt, die im Leben Schiffbruch erlitten und in einem Container gestrandet war. Und da war sie nicht die Einzige in ihrer Familie, wie ich feststellte, als ich Sabines Tante und ihre Großmutter kennenlernte. Alle machten einen sehr kühlen, distanzierten, zum Teil regelrecht verstörten Eindruck und konnten nicht unbefangen kommunizieren oder Nähe zulassen.

Sabines Mutter ist die einzige Mutter, bei der es mir nicht gelang, in guten Kontakt zu kommen. Dabei wäre das gerade in diesem Fall sehr wichtig gewesen, denn sie verunsicherte das Mädchen bei ihren monatlichen Treffen oder wenn sie die Ferien gemeinsam verbrachten.

»Hast du mich denn gar nicht mehr lieb, wenn du nicht bei mir sein willst?«

»Aber Mama! Ich will doch bei dir sein!«, rief Sabine.

»Nein, das merke ich nicht. Du bist ja ständig bei der Vera-Mama.«

Als könnte Sabine etwas dafür ... und das glaubte sie auch. Wenn sie zurückkam, erklärte sie mir bedrückt, dass sie wieder zu ihrer Mama wollte. Das hielt ich auch für eine gute Idee, langfristig. Doch ich merkte, wie sehr sie unter dieser Aussicht litt. Es war nicht ihre Entscheidung, doch sie wollte ihre Mama nicht enttäuschen, und sie fühlte sich nach wie vor verantwortlich für sie.

Sabines großes Glück, das dann auch zu einer Wurzelbildung führte, war ihre Beziehung zu meinem Tagespflegekind Kerstin. Die beiden wurden in die gleiche Klasse eingeschult und spielten sehr viel miteinander. Ich habe noch ihr Gegacker und Gekicher in den Ohren, in Kerstins Gegenwart war Sabine so fröhlich und unbeschwert, das machte mich sehr froh. Endlich dachte sie einmal nicht angestrengt darüber nach, was von ihr erwartet wurde, wie sie sich verhalten sollte, sondern war einfach Kind.

Bei Sabine habe ich wieder einmal gesehen, wie wichtig die Gemeinschaft mit anderen Kindern ist. Unter ihresgleichen fühlen sich Kinder oft viel sicherer und vertrauen sich manchmal auch Dinge an, die sie vor Erwachsenen geheim halten. Das tut ihnen gut. Da Kinder die Fähigkeit haben, im Spiel all ihren Kummer zu vergessen, können sie in der Gemeinschaft neue Ressourcen bilden. Wir neigen manchmal dazu, Kinderfreundschaften als oberflächlich zu betrachten, denn was tun die schon miteinander? Ein bisschen »Backe,

backe Kuchen« und Ball spielen. Meinen Beobachtungen zufolge läuft sehr viel mehr zwischen Kindern, und nur weil wir es nicht wahrnehmen können, heißt es ja nicht, dass es nicht vorhanden ist. Ich wünsche mir manchmal, wir Erwachsenen würden achtsamer mit den Beziehungen unserer Kinder umgehen. Auch wenn es sich um deren Beziehung zu einem Haustier handelt. Ja, der Schecki war nur ein Kaninchen. Aber das Kind hat ihn aufrichtig geliebt, und es ist verstört, wenn die gut meinenden Erwachsenen anbieten, jetzt gleich einen neuen Schecki zu kaufen. Ich glaube, dass wir manchmal etwas von Kindern lernen können und dass das ein besserer Weg ist, als sie ständig anzuhalten, vernünftig zu sein und unsere Sicht auf die Welt zu teilen.

Kinder können sich unglaublich schnell anfreunden – und schon stecken sie die Köpfe zusammen und denken sich einen Streich aus. Ich komme in die Küche, und da liegen zwei auf dem Boden mit ausgestreckten Armen. Ich verstehe, dass ich jetzt einen Riesenschreck bekommen muss und rufe laut: »Du meine Güte!« Zwei knallrote Gesichter versuchen dem Kichern zu trotzen. Schließlich platzt ein Kind heraus: »Wir sind nämlich ohnmächtig.« Und weil ich gestern mit ihnen zusammen einen Film angeschaut habe – Sonntagnachmittag bei schlechtem Wetter ist Fernsehen erlaubt –, weiß ich, was sie spielen, und kann schnell in die richtige Rolle schlüpfen. »Was wird Seine Majestät denken, wenn Er erfährt, dass die beiden Königskinder hier liegen! Vor Gram wird Er graue Haare bekommen!«

Als Sabines Mutter sich in ihrer neuen Wohnung stabilisiert hatte, wurde nach einigen Gesprächen mit dem Jugendamt beschlossen, dass Sabine nach den Sommerferien zu ihrer Mutter ziehen sollte. So sehr Sabine sich das wünschte, machte es ihr auch Angst. Sie war innerlich völlig zerrissen – und ich auch. Immer wieder überprüfte ich für mich, ob ich wirklich der Meinung war, es wäre das Beste für Sabine, wenn sie bei uns bliebe. Da täuscht man sich ja leicht. Wenn ich als Pflegemutter vor allem an mich selbst und meine Wünsche denken würde, hätte ich die falsche Aufgabe im Leben. Doch meine Intuition war richtig, es lief nicht gut zwischen Sabine und ihrer Mutter. Was noch nicht hieß, dass das Mädchen zu mir zurückkommen würde. Nach einer nervenaufreibenden Zeit und vielen Irrungen und Wirrungen blieb Sabine aber dann doch bis zu ihrer Volljährigkeit bei mir, dann zog sie mit ihrem Freund zusammen, den sie kurz nach Schulabschluss kennengelernt hatte.

Seit ihrem Auszug vor fünf Jahren ist kein Tag vergangen, an dem Sabine mich nicht morgens anruft und wissen möchte: »Mama, hast du gut geschlafen, wie geht es dir?«

Ein einziges Mal war ich morgens für sie nicht erreichbar. Am Abend davor war ich zum ersten Mal in meinem Leben auf dem Dorffaschingsball gewesen. Es war für meine Verhältnisse sehr spät geworden, und ich schlief noch, als Sabine anrief. Ich schlief auch noch halb, als sie mich mit besorgter Stimme gegen neun Uhr fragte, wie es mir gehe.

»Ich kann jetzt nicht telefonieren«, sagte ich. »Ich habe einen Kater.«

»Wieso einen Kater, ich denke, du willst keine Katze mehr«, erinnerte mich Sabine an mich selbst.

»Ich habe ja auch keine Katze, sondern einen Kater«, präzisierte ich.

»Okay. Ich hör schon. Du magst nicht telefonieren.«

»Genau.«

Drei Minuten später bekam ich eine WhatsApp: Schicke bitte Foto von Kater.

Ich musste so sehr lachen, dass ich vollständig wach wurde. Meine Kinder! Können sich nicht vorstellen, dass Mama mal ausgeht. Es kommt ja auch höchst selten vor!

Ohne Wurzel keine Krone:
Matayo

Er kam knapp vor der Jahrtausendwende an einem Faschingssonntag am späten Nachmittag. Lediglich meine Mutter war zu Hause, weil ich mit den Kindern spontan zu einem Faschingsfest eingeladen war. Bis kurz vor dem Aufbruch hatten wir Kostüme gebastelt und uns in Außerirdische verwandelt. Unsere blauen Müllsäcke wurden von goldener und silberfarbener Wellpappe zusammengehalten, Alufolie diente als Stirnband – mit gezwirbelten wippenden Antennen. Darüber noch ein wenig Puderzucker: Goldstaub im Gesicht. Und fertig waren die Marsmännchen mit ihrer Marsmama. Im Verkleidungswettbewerb gewannen wir den ersten Preis, obwohl viele teuer gekaufte Kostüme präsentiert wurden. Wenn ich in die strahlenden Gesichter meiner Außerirdischen schaute, wusste ich, dass sich der verschwenderische Verbrauch von Alufolie gelohnt hatte. Mein erster Gedanke bei der Einladung am Vormittag und der Zeitknappheit war gewesen: einfach ein paar Löcher in Leintücher schneiden und als Geisterfamilie gehen. Doch da wären wir nicht die Einzigen gewesen, Gespenster gab es einige.

Bei unserer Rückkehr saß auch in unserer Küche ein Gespenst – in Gestalt eines dünnen Häufchens Elend.

Eins von den Marsmännchen sagte: »Der ist im Fasching als Neger gegangen.«

Aber die Farbe war echt. Und das Elend auch. Draußen herrschten Minusgrade, doch der kleine Junge trug eine dünne Sommerhose, eine dünne Sommerjacke und steckte ohne Socken in Gummistiefeln. Mit seinen fast fünf Jahren wog er 14,5 Kilo, so viel, wie mein Sohn mit einem Dreivierteljahr auf die Waage gebracht hatte. Sein Blähbauch erinnerte an ein »Biafra-Kind«, für sie wurde derzeit Geld gesammelt. Mit großen Augen starrte Matayo die Delegation vom Mars an, stand schließlich auf. Die Decke, in die meine Mutter ihn gewickelt hatte, rutschte zu Boden. Seine Beinchen waren fingerdünn. Dünn war auch meine Stimme, als ich die Kinder in ihre Zimmer schickte.

Meine Mutter berichtete mir in der Küche unter vier Augen.

»Die Polizei hat seine Mutter in die Klinik gebracht. Das verlief wohl ziemlich dramatisch. Sie hat geschrien und sich an ihn geklammert.«

»In welche Klinik denn?«, fragte ich. »Warum?«

»Psychiatrie«, antwortete meine Mutter. »Die Polizei konnte keine Verwandten ausfindig machen. Er hat wohl nur noch seine Mutter. Also haben sie ihn dem Jugendamt übergeben, und das hat ihn zu uns gebracht. Er ist völlig verstört, er hat den Zusammenbruch seiner Mutter mitbekommen. Aber immerhin hat er meinen heißen Kakao getrunken.«

»Na, das ist doch schon mal ein Anfang«, sagte ich munterer, als mir zumute war. »Ich kümmere mich jetzt um ihn. Danke, Mama. Vielleicht erzählt er mir ja etwas mehr?«

»Er sagt keinen Ton.«

»Kann er Deutsch?«

»Die Polizei meint, ja, aber er hat noch kein Wort gesprochen.«

Und so sollte es bleiben für die nächsten acht Wochen.

Ich zog dem eiskalten Jungen einen kuschligen Schlafanzug an und legte ihn mit einer Wärmflasche ins Bett. Er schloss die Augen und war sofort eingeschlafen. Alle Viertelstunde schaute ich nach ihm. Sein magerer Körper war stocksteif. Es kam mir vor, als wäre die Seele dieses Kindes geflüchtet. Allein der Leib lag im Bett, nass geschwitzt. Ich wechselte den Schlafanzug; er wachte nicht auf. So blieb das über Jahre. Matayo schlief, als wäre er weit, weit weg ... wie auf einem anderen Stern.

Am nächsten Tag wurde er von einer Ärztin im Beisein einer Mitarbeiterin des Jugendamtes gründlich untersucht. Schweigend ließ er alles über sich ergehen.

»Ist seine Stimme in Ordnung und sein Hörvermögen?«, erkundigte ich mich.

»Ich denke schon. Doch er ist schwer traumatisiert. Darin sehe ich den Grund für sein Schweigen. Und er ist mangelernährt. Was ist dem Kind denn zugestoßen?«, erkundigte sich die Ärztin.

»Ich weiß es nicht.«

»Und woher stammt er?«

»Aus dem Kongo. Also seine Mutter. Er ist in München geboren.«

»Er ist viel zu klein und zart für sein Alter.«

»Ich weiß.«

»Dann päppeln Sie ihn mal ordentlich auf, Frau Pein.«

»Genau das habe ich vor!«

Noch am selben Tag suchte ich über verschiedene Anlaufstellen Kontakt zu Kongolesen, die unterschiedliche Dialekte sprachen. Doch die »lauteste« Reaktion von Matayo auf die Stimmen war ein Nicken, als ich ihm den Telefonhörer ans Ohr hielt. Kein Wort und kein Signal eines Wiedererkennens. In den ersten Tagen erschrak er auch beim kleinsten Anlass. Er machte den Eindruck eines Verfolgten. Allmählich wurde er allerdings ruhiger und beobachtete, was um ihn vorging. Sagte aber nichts, nahm nicht teil, schaute jedoch aufmerksam unserem Treiben zu. Nach einer Weile spielte er manchmal ein bisschen mit den andern Kindern mit, wortlos. Die Kinder fanden ihn komisch, aber sie spürten seine tiefe Traurigkeit, und alle waren sehr lieb zu ihm. Sie boten ihm ihr Spielzeug an oder Essen, das hatte niemand von ihnen verlangt, es kam aus ihrem Herzen, und das rührte mich sehr.

Dass Matayos Haut schwarz war, beeindruckte besonders die Jüngeren stark. An zwei Begebenheiten erinnere ich mich noch besonders gut. Beim allabendlichen Vorlesen lag Matayo in Carinas Bett. Das machten die Kinder gern, zusammen kuscheln. Als sie schlafen sollten und ich Matayo in sein Bett brachte, inspizierte Carina ihr Kopfkissen mit Argusaugen.

»Was machst du denn da?«, fragte ich.

»Ich will sehen, ob er abgefärbt hat.«

»Die Farbe ist echt«, versicherte ich ihr.

Ich stand in der Küche, da zupfte mich jemand von hinten. Wieder Carina. Sie hatte noch eine Frage. »Was mach ich in der Nacht, wenn ich aufs Klo muss? Den sehe ich doch gar nicht!«

»Natürlich siehst du ihn. Es brennt schließlich Licht.«

Ein anderes Mal beobachtete ich ein Kind, das seine Hand neben Matayos legte und konzentriert verglich. Dann war die Untersuchung abgeschlossen, und die Hautfarbe spielte keine Rolle mehr – nicht in unserem Haus. In unserem schwarzen Dorf, das nicht im Bayerischen Urwald lag, sondern vor den Toren Münchens, sehr wohl.

Vom Jugendamt hatte ich mittlerweile erfahren, dass bei dem Jungen und seiner Mutter ein Asylverfahren lief. Die beiden hatten in einer Unterkunft im Landkreis gewohnt. Ihr Status war ungeklärt. Ich bekam einen Asylanwärterpass für Matayo und die Ermahnung, dass er den Landkreis nicht verlassen durfte. Matayo war in Deutschland zur Welt gekommen, nachdem seine Mutter sich schwanger auf die Flucht begeben und das Land kurz vor der Geburt auch erreicht hatte, allein, ohne Familie, ohne männlichen Schutz. Auch in der Flüchtlingsunterkunft gehörte sie zu den Schwächsten. Die Mitarbeiterin des Jugendamts wusste keine Details, fasste jedoch zusammen: »Wir gehen von einer schwer traumatisierten Mutter aus, die nicht in der Lage ist, sich um ihren Sohn zu kümmern.«

»Und wie geht es jetzt weiter?«, fragte ich.

»Das wissen wir nicht. Wir haben ja nicht einmal einen sicheren Aufenthaltsstatus. Er bleibt erst mal bei Ihnen. Was sagt er denn von sich aus?«

»Nichts«, sagte ich.

Die Tasche

Wir gewöhnten uns an den schweigenden Jungen. Er war überall mit dabei, schaute, manchmal lachte er auch, im Spiel wurde er ein wenig lockerer, und er liebte es, vorgelesen zu bekommen. Noch immer war er sehr schüchtern, doch nicht mehr schreckhaft. Acht Wochen

nach seiner Ankunft sortierte ich im Flur vor der ge-
schlossenen Badezimmertür Wäsche. Da hörte ich, dass
sich im Bad zwei unterhielten – daran war nichts ungewöhnlich. Doch irgendetwas irritierte mich, und da fiel
es mir ein: Amato war mit Matayo im Bad. Die Tür wurde aufgerissen, und mein Sohn teilte mir geradezu förm-
lich mit: »Mutter«, so hatte er mich noch nie genannt,
»Mutter, er hat gesprochen.«

Der Bann war gebrochen. Es kam mir so vor, als wollte
der kleine Mensch nun alle Wörter nachholen, die er in
den ersten zwei Monaten nicht gesprochen hatte. Mit
einem unglaublichen Wissenshunger stürzte er sich auf
die Welt der Dinge. Zwei Stunden lang hielt er mir
Gegenstände vor die Nase. »Was ist das?«, oder er sagte
es mir: »Tasse, Gabel, Messer, Teller, Schuh«. Dann war
er müde. Und ich auch.

Matayo lernte sehr schnell, und bald erfuhren wir
einige Bruchstücke, wie es ihm mit seiner Mutter ergangen war. Sie hatte ihn wohl öfter allein gelassen. Vielleicht hatte sie gearbeitet? Was ihr gar nicht erlaubt gewesen wäre. Hin und wieder sperrte der Hausmeister
der Flüchtlingsunterkunft die Tür auf, drückte dem Jungen einen Joghurt und eine Tüte Gummibärchen in die
Hand und sperrte wieder zu. Gelegentlich stellte er den
Jungen auch auf eine Waage. Was es damit auf sich hatte,
erschloss sich uns nicht. Gehörte das zu den hausmeis-
terlichen Pflichten? Oder bemaß sich danach die Ration
Gummibärchen? Bei seiner Ankunft war Matayo einige
Tage lang wie ein gefangener Tiger durch das Haus gelaufen. Durchs Esszimmer in die Küche, den Gang bis
zur Treppe, Treppe rauf, oben den Gang bis zum Ende
und wieder zurück und wieder von vorne.

Zu seinem ersten Geburtstag bei uns schenkte ich Matayo einen großen Karton mit einer orangefarbenen Baustelle mit Bagger, Lastwagen, Verkehrsschildern. Bis jetzt hatte er kein Spielzeug besessen, die anderen Kinder hatten ihres mit ihm geteilt. Sein erstes eigenes Besitztum hielt er eng an die Brust gepresst. Die Kinder wollten es wenigstens mal sehen.

»Meins, meins, meins«, verteidigte er es.

Die Kinder beschwerten sich bei mir; Teilen ist ein hohes Gut in meinem Haus.

»Er braucht noch ein bisschen Zeit«, erklärte ich ihnen. »Er hat vielleicht noch nie eigenes Spielzeug gehabt.«

Eine halbe Stunde saß das dünne Menschlein auf dem Sofa und hielt sein Spielzeug krampfhaft fest, Tränen rannen ihm übers Gesicht, und er wiederholte immer wieder: »Meins, meins.« Auch ich kämpfte mit den Tränen, und ich konnte seinen Schmerz und seine Zerrissenheit spüren. Ja, er hätte gern geteilt. Aber nein, einmal etwas ganz für sich behalten – meins! Es dauerte einige Stunden ... aber dann spielten alle gemeinsam mit Matayos Geschenk.

Das Jugendamt forderte mich auf, Matayos Mutter zu besuchen. Damals wurden die Kinder seitens der Ärzte zur Therapie ihrer Eltern hinzugezogen. Davon hat man heute in den meisten Fällen Abstand genommen. Matayos Mutter war in großer Sorge um ihr über alles geliebtes einziges Kind und wollte sich mit eigenen Augen davon überzeugen, dass es dem Jungen gut ging. In der Klinik warteten wir lange auf Plastikstühlen in einem Linoleumflur. Ich hatte Matayo erzählt, dass wir seine Mutter treffen würden. Doch offensichtlich hatte er mich nicht richtig verstanden, denn als sie mit einem erwartungsvollen Lächeln im Gesicht endlich um die Ecke bog, riss er die Augen auf, klammerte sich an mich, zitterte am ganzen Körper, als wäre er hier Patient und brüllte ... in Todesangst. Eine Frau in weißem Kittel stürzte alarmiert zu uns: »Was ist denn hier los?«

Das wusste ich selbst nicht. Dass Kinder eine solche Panik vor ihren Eltern zeigen, habe ich davor und danach nie wieder erlebt. Normalerweise sehnen sich Kinder nach ihren Eltern, entschuldigen ihr Verhalten, übernehmen die Verantwortung, indem sie erklären: »Weißt du, meine Mama hat den Termin nicht vergessen, weil sie den Termin vergessen hat, sondern weil ich nicht brav war ... Wenn mein Papa mich gehauen hat, war er viel trauriger als ich ... Meine Eltern haben keine Zeit für mich, weil sie immer arbeiten müssen, damit es mir besser geht ...«

Nach wenigen Minuten wurde der Besuch abgebrochen. Immerhin hatte Matayos Mutter gesehen, dass ihr Junge am Leben war, und vielleicht war ihr aufgefallen, dass er nicht mehr ganz so dünn war und warme Kleidung trug in diesem noch immer kühlen April. Als die Mutter einige Wochen danach aus der Psychiatrie in ihre Unterkunft entlassen wurde, wollte sie ihren Sohn wieder bei sich haben. Doch das wurde ihr vonseiten des Amtes nicht gestattet. Es sollte eine vorsichtige Annäherung zwischen Mutter und Sohn erfolgen, da der Sohn extrem ablehnend auf sie reagiert hatte. Es dauerte lang, bis Matayo sich bei den seltenen Besuchen – immer in Begleitung einer Mitarbeiterin vom Jugendamt – in ihrer Gegenwart entspannen konnte. Aber woher rührte seine Angst? Wir erfuhren es nie. Oder lag es daran, dass ihm seine Mutter auf kongolesische Art die Haare geschnitten hatte, indem sie ihm mit einer Rasierklinge über den Kopf schabte? Die Schnittwunden waren noch sichtbar, als Matayo zu uns kam.

Für die Behörden war es wichtig, dass Matayo weiterhin Kontakt zu seiner Mutter hatte, damit er mit ihr abgeschoben werden konnte, wenn sie den Bescheid bekam. Deshalb wurde entschieden, dass er von Montag bis Freitag bei ihr in der Unterkunft wohnen und dort in den Kindergarten gehen sollte. Die Wochenenden sollte er bei uns verbringen. Doch dieses Experiment scheiterte, das Kindeswohl war in Gefahr, und so zog er wieder ganz zu uns. Ich wurde angehalten, jederzeit auf Matayos Abschiebung vorbereitet zu sein. So sollte ich eine Tasche griffbereit halten, bestückt mit passender Kleidung für afrikanische Temperaturen – als Grundausstattung für den Kongo, sein »Heimatland«, das er nie betreten hatte, da er in Deutschland geboren wurde. Alle halbe Jahre wechselte ich, angepasst an die jeweilige Kleidergröße, mit Widerwillen den Inhalt der Tasche. Matayo durfte nichts davon wissen, er wurde doch gerade erst ein bisschen sicher in seinem neuen Leben, fasste Zutrauen. Die Ungewissheit über seinen Verbleib nagte Tag und Nacht an mir. Wenn ich die Fortschritte des Kindes sah, erschien es mir unvorstellbar, ihn mit seiner Mutter, die er ja noch immer ein wenig fürchtete, in ein Land zu schicken, das ihm genauso fremd war wie mir. Am liebsten hätte ich die Tasche verdrängt, doch manchmal blähte sie sich auf, wuchs, füllte den ganzen Keller aus, sprengte ihn, waberte ins Erdgeschoss und in den ersten Stock, war keine Tasche mehr, sondern ein gefräßiges Tier, und da lag Matayo und schlief, noch immer steif wie ein Brett, und ich fuhr aus dem Schlaf hoch, um das Kind zu retten.

»Wie stellen Sie sich diese Abschiebung denn vor, wenn sie einmal angeordnet würde?«, erkundigte ich mich im Jugendamt.

»Damit haben wir nichts zu tun. Die Polizei wird das Kind abholen. Ich weiß nicht, ob wir vorher informiert werden. Es kann auch sein, dass ganz spontan bei Ihnen geklingelt wird, und deshalb ist es ja so wichtig, dass die Tasche bereits gepackt ist. Wenn Sie möchten, können Sie auch mitfahren zum Flughafen, was halten Sie davon? Das ist doch eine feine Idee, das wäre doch ein schönes letztes Bild für ihn von Deutschland, wenn Sie ihm zum Abschied winken, was meinen Sie?«

Ich durfte nicht sagen, was ich meinte. Ich wäre augenblicklich aus dem Jugendamt abgeschoben worden.

Wenn Matayo sich aus irgendeinem Grund im Keller aufhielt, war mir das unangenehm, obwohl er die Tasche niemals gefunden und ihren Inhalt nicht verstanden hätte. Seine Mutter durfte wiederum nicht wissen, wo er wohnte, denn es bestand die Gefahr, dass sie ihren Sohn entführen würde, das hatte sie mehrfach angedroht. Geheimnisse um ein Kind sind mir vertraut, es gibt leider Fälle, bei denen Gefahr für Kinder droht, wenn ihre Angehörigen ihren Aufenthaltsort kennen würden. Doch bei Matayo hatte das alles ein ganz anderes Ausmaß, es ging ja nicht nur darum, bei uns bleiben, es ging darum, ob er in Deutschland bleiben konnte, und es kostete manchmal viel Kraft, ihm die Zuversicht zu schenken, die er so dringend brauchte.

Er spielte sehr gern Fußball und war auch begabt, wie ich von Amato hörte und dann vom Trainer unseres dörflichen Fußballvereins. Schnell wurde er zu einem beliebten Spieler und bildete im Verein seine ersten zarten Wurzeln am Ort aus. Auf freiem Feld, im Kindergarten und in der Schule wurde er dagegen fortgesetzt gefoult. Und er litt darunter, dass er überall der einzige Schwarze war, vor zwanzig Jahren im Speckgürtel der Großstadt noch eine kleine Sensation.

Christliche Schwärze

In der Adventszeit bastle ich, wenn es irgend geht, Adventskalender für meine Kinder. Der erste Dezember ist ein ganz besonderer Tag, alle freuen sich auf das erste Türchen. Matayo hatte noch nie einen Adventskalender besessen und hörte andächtig zu, als ich ihm die Regeln erklärte: Jeden Tag ein Türchen.

Am ersten Dezember standen alle Kinder freiwillig – und so schnell wie sonst vielleicht nur am Geburtstag – auf und tappten auf nackten Sohlen zu ihren Kalendern, die im Treppenhaus längs der Stufen hingen. Sie öffneten ein Türchen – erste Irritationen, schauten auf den Kalender des Nachbarn, schauten sich an, fragten: »Ist bei dir auch nichts drin?«

Matayo stand als Einziger nicht bei seinem Kalender. Er saß auf der Treppe und guckte komisch.

Kurz darauf war klar, dass nicht nur die ersten Türchen leer waren, sondern alle. Von Gioia, Amato, Maximilian, Carina, Sabine und Kerstin und natürlich sein eigener Kalender. Der kleine Kerl hatte, während wir schliefen, 168 Schokoladenstückchen verputzt! Als es ihm gebührend schlecht wurde, konnte er nicht mit Mitleid rechnen!

Dass sich alle meine Kinder zu Matayo bekannten, ihn verteidigten, ja, von sich aus den Kontakt zu Leuten mieden, die bei Schwarz »rotsahen«, machte mich sehr stolz. Sabine wollte nicht mehr zu einer bestimmten Schulkameradin nach Hause, wenngleich es dort die besten Rohrnudeln der Welt gab. Die Mutter ihrer Schulfreundin hatte sie mit Desinfektionsspray malträtiert: »Wegen dem Ungeziefer, des wo der eingeschleppt hat.« Ich belasse es bei diesem Beispiel, ich könnte Dutzende aufzählen. Welche schreckliche Gefahr sollte bitte von diesem bedauernswerten Jungen ausgehen, der einen so schlechten Start ins Leben erwischt hatte? Und was hatte seine Hautfarbe mit seinem Charakter zu tun? Meine Kinder erklärten anderen Kindern: »Du hast abstehende Ohren, Matayo hat schwarze Ohren. Dafür kann keiner was.« Im Fasching wollten die Kinder geschlossen als Schwarze gehen. Es dauerte ewig, bis wir alle dunkle Gesichter hatten, und natürlich schafften wir es nicht, Türklinken, Lichtschalter und so weiter zu verschonen, aber das Resultat war gigantisch. Zu zehnt marschierten wir durch das Dorf, alle schwarz mit Kraushaarperücken aus dem Drogeriemarkt, und in unserer Mitte der kleine Matayo, der diesmal nicht herausstach, der das alles auch gar nicht so richtig verstand, aber strahlte bis zu den Ohren.

Von allen damaligen Kindern, die heute ja erwachsen sind, habe ich gehört, dass sie diese Zeit mit Matayo sehr geprägt hat. Sie waren mit etwas konfrontiert, das sie in ihren Herkunftsfamilien wahrscheinlich nicht erlebt hätten – und sie zeigten Charakterstärke. Alle passten gut aufeinander auf und gingen gut miteinander um, weil das der Leitton in unserem Haus war. Man muss einander helfen, man schaut aufeinander, jeder trägt seinen Teil zu einem guten Miteinander bei. So hatte beispielsweise eins der Kinder eine gekrümmte Nasenscheidewand und fiepte beim Schlafen regelrecht, was nicht nur lustig gefunden wurde, es gab auch einen, den das nervte. Doch wenn das Signal aus dem Kinderwagen verstummte, dauerte es keine drei Atemzüge, und besorgte Kinderköpfe beugten sich über den Schläfer. So etwas machte mich sehr glücklich, vor allem weil ich es den Kindern nicht auftrug. Ich bin überzeugt davon, dass Kinder mehr von unserem Verhalten lernen als von unseren Worten. Wir können ihnen hundertmal erklären, wie sich ein höflicher Mensch zu benehmen hat. Wenn wir ihnen selbst ein Vorbild sind, fällt alles leichter. Was man von den Kindern verlangt, muss man vorleben. Sobald ein Kind Werte übernimmt, wird es sie auch mit großer Überzeugung vertreten oder sie für sich selbst weiterentwickeln. Ich kenne einige kleine Vegetarier, deren Unbeirrbarkeit ihre Fleisch essenden Eltern verblüfft.

Im Herbst sollte Matayo eingeschult werden, und das wertete ich als gutes Zeichen, dass sich die Situation nun entspannen würde. Auch seiner Mutter ging es besser, sie war sogar schon einmal bei uns zu Hause gewesen, in Begleitung einer Mitarbeiterin vom Jugendamt, und Matayo hatte ihr seine Spielsachen gezeigt. Vielleicht konnten die beiden eines Tages auch ohne Aufsicht des Jugendamtes miteinander Umgang pflegen, oder die Mutter könnte ihr Kind ganz zu sich nehmen, das wünschte ich den beiden sehr, nach allem, was sie durchgemacht hatten.

Ein unangekündigter Besuch

Eines Vormittags im August rief Matayos Mutter an. Ich erkannte sie zuerst kaum, denn sie schrie ins Telefon, und ihr Deutsch war nicht das beste. »Weg! Weg!«, hörte ich immer wieder und »Brief!«, und reimte mir zusammen, dass sie ein Schreiben bezüglich ihrer Abschiebung bekommen hatte.

»Bitte beruhigen Sie sich«, bat ich sie. Ich sieze die Eltern meiner Kinder immer, das unterstützt einen respektvollen Umgang. »Ich erkundige mich beim Jugendamt und melde mich wieder. Aber das wird bis morgen oder übermorgen dauern, heute ist Samstag.«

»Wo ist mein Sohn?«

»Beim Fußballtraining.«

Die Verbindung wurde unterbrochen. Ich war in großer Sorge und versuchte, eine Mitarbeiterin des Jugendamtes privat zu erreichen, hatte jedoch keinen Erfolg. Je länger ich darüber nachdachte, desto wahrscheinlicher erschien es mir, dass Matayos Mutter ihren Abschiebebescheid erhalten hatte. Aber wieso wusste ich nichts davon?

»Das ist doch nichts Neues, dass man vergisst, die Pflegemutter zu informieren«, meinte meine Freundin Christl. »Du bist am nächsten dran an dem Kind und stehst als Letzte in der Kette.«

»Das klärt sich bestimmt bald auf«, sagte ich zu Christl. Sie hatte Matayo auch ins Herz geschlossen und setzte sich sehr für ihn ein.

Am Sonntagmorgen war ein Ausflug zum See geplant. Ab sieben Uhr werkelte ich in der Küche, schmierte Brote, schnippelte Obst und Gemüse, und einen Kuchen hatte ich zudem im Rohr. Wir waren zu zwölft, Gioia und

Amato hatten Schulfreunde eingeladen, und alle Kinder waren schon wach, im Badezimmer über meinem Kopf ging es hoch her.

»Frühstück in zehn Minuten«, rief ich vom Flur aus. In der Küche sah ich einen Schatten am Fenster, dann vor der Terrassentür. Ich erschrak fürchterlich, bis ich die Frau erkannte. Die Arme vor der Brust verschränkt, die Augen aufgerissen, stand Matayos Mutter an der Tür. »Gib mir Sohn!«, rief sie.

Ich war total erschrocken. In Sekundenbruchteilen versuchte ich die Situation zu begreifen. Woher kam sie, was war hier los, sie war wütend, wie sollte ich mich verhalten, sie erschien viel zu aufgebracht, am besten, ich beruhigte sie erst mal.

»Möchten Sie vielleicht eine Tasse Kaffee?« Ich öffnete die Terrassentür. Da riss sie den rechten Arm hoch, und ich sah ein riesengroßes Fleischermesser aufblitzen. Geistesgegenwärtig schlug ich die Tür zu.

»Gib mir Sohn. Sonst ich holen!« Sie war vollkommen außer sich.

Und obwohl ich ihr verletztes Mutterherz im tiefsten Inneren absolut verstehen konnte, war mein eigenes nun auch am Flattern.

»Gioia!«, brüllte ich. Meine Tochter hörte sofort, dass es sich um einen Notfall handelte.

»Mama?« Die Zahnbürste in der Hand stand sie mit schaumigem Mund vor mir. War sie die Treppe hinuntergeflogen?

Ich drängte sie aus der Küche. »Schnell! Alle Kinder in den Keller! Kellertür von innen zusperren. Unten bleiben, bis ich euch rufe. Schnell!«

Während Gioia mithilfe ihrer Freundin die Kleineren in den Keller trieb, sah ich vom Fenster aus, wie Matayos

Mutter mit dem Messer wild durch die Gegend fuchtelnd wahllos in Blumenkästen und an die Hauswand stach. »Matayo! Matayo! Mein Sohn! Matayo!«, brüllte sie unentwegt und klang so verzweifelt, als hätte sie sich mit dem Messer selbst verletzt. Und dann stand sie auf der Türschwelle. Wer von den Kindern hatte den Schlüssel im Schloss gedreht, wer war heute Morgen schon draußen gewesen? Ich hatte geglaubt, die Haustür sei noch abgesperrt. Beschwichtigend stellte ich mich ihr entgegen. »Wir können über alles reden. Aber legen Sie das Messer weg, bitte!«

»Mein Sohn. Sofort!«

»Ich rufe die Polizei.«

»Matayo! Matayo! Matayo!« Sie stürmte ins Haus, lief nach oben, suchte aber nicht richtig, sondern kam gleich wieder zurück, rannte rastlos in den Garten, eine herzzerreißend verzweifelte, getriebene Frau auf der Flucht. Aber sie war draußen, zum Glück! Ich schlug die Haustür zu. Während ich sie mit zitternden Händen abschloss, überlegte ich, welche Fenster offen standen, es war schließlich Sommer. Dann rief ich die Polizei an.

Es dauerte zwanzig Minuten, bis ich das Martinshorn hörte. In dieser Zeit versuchte ich, vor der gekippten Terrassentür durch die Scheibe Matayos Mutter zu beruhigen. In der einen Hand hielt sie ihren Abschiebebescheid, in der anderen das Messer. Sie schrie, sie tobte, sie bebte, sie schluchzte, sie zitterte am ganzen Körper und weinte, so wie ich es an ihrer Stelle wohl auch getan hätte. Man nahm ihr das einzige Kind weg. Nichts anderes hatte sie doch mehr im Leben als diesen Sohn. Und jetzt sollte sie zurück in den Kongo. Ohne ihr Kind. Sie würde es nie wiedersehen. Matayo!!! Und dann gab sie auf. Ohne Widerstand ließ sie sich festnehmen. Man brachte sie in die forensische Abteilung der Psychiatrie. In ihrer Handtasche wurden drei Dosen Tränengas und ein Hammer gefunden. Ich war ihr zutiefst dankbar, dass sie die Terrassentür nicht eingeschlagen hatte. Wie wäre das für die Kinder im Keller gewesen, das hätten sie doch gehört. Wie viel hatte Matayo mitbekommen? Seine Angst vor der Mutter würde erneut aufbrechen. Und was hätte ich getan, wenn sie in die Küche gekommen wäre? Auch zu einem Messer gegriffen? Und dann? Wären wir zwei Mütter, die eigentlich das Gleiche wollten, aufeinander losgegangen?

So geht das nicht weiter, dachte ich. Wir müssen uns juristischen Beistand suchen. Jemand muss uns erklären, welche Rechte Matayo hat.

Vom Jugendamt erfuhr ich zuerst die Rechtslage, Matayos Mutter betreffend: In ihrer momentanen Verfassung konnte sie nicht abgeschoben werden. Wir alle atmeten auf und wähnten Matayo in Sicherheit, zumindest solange seine Mutter als Patientin in der Psychiatrie behandelt wurde, und das konnte laut Auskunft der Ärzte lange dauern. Doch ein Mitarbeiter der Ausländerbehörde gab sich damit nicht zufrieden, stellte Nachforschungen an und machte Matayos Großmutter in einer Wellblechhütte in den Slums von Kinshasa, der Hauptstadt des Kongo, ausfindig. Dort gab es zwar kein sauberes Trinkwasser, kaum etwas zu essen, keine Schule und keine Adventskalender, aber immerhin diese Verwandte, die Matayo noch nie gesehen hatte. Aber das würde sich jetzt ja ändern, wenn das Kind zu ihr abgeschoben werden würde. Matayo war nicht krank, nur seine Mutter war nicht reisefähig. So dachte man bei der Ausländerbehörde. Dass er in München geboren war und kein Kongolesisch konnte, seine Mutter sprach Französisch, war scheinbar kein Hinderungsgrund, Kinder lernen schließlich schnell. In dieser absoluten Notlage vertiefte sich die Freundschaft mit meiner heute besten Freundin Christl. Sie arbeitete an Matayos Schule und hatte mitbekommen, wie oft er gemobbt wurde. Eltern verboten ihren Kindern, sich neben ihn zu setzen, er wurde niemals zu einem Geburtstagsfest eingeladen, manche wollten nicht mal mit ihm spielen, er wurde gehänselt, verspottet, beleidigt, angespuckt, verprügelt – es war entsetzlich. Nicht alle machten mit, doch zu viele.

Christl zeigte Flagge und schritt ein, wo andere wegsahen. Und auch Amato stand Matayo bei. Seit Maximilian nicht mehr in unserem Haus lebte, hatte sich Amato nie mehr enger auf ein Pflegekind eingelassen, und auch mit Matayo befreundete er sich nicht näher. Doch die beiden wurden gute Kameraden, und wann immer Matayo angegriffen wurde, verteidigte ihn Amato, und dabei wurde er auch handgreiflich. Matayo selbst ließ alles über sich ergehen, egal ob er gerempelt, getreten oder geboxt wurde. Er wehrte sich nicht. Das übernahm mein zwei Jahre älterer Sohn, und nicht nur einmal wurde ich in die Schule zitiert und hörte: »Frau Pein, Ihr Sohn ist ein Schläger.«

»Wissen Sie auch, warum?«

»Das interessiert mich nicht. Tatsache ist, dass er sich prügelt.«

»Weil Matayo verprügelt wurde.«

»Es geht hier nicht um Matayo, es geht um Ihren Sohn. Sie müssen das in den Griff bekommen.«

»Sie aber auch.«

Familiendünger

In der sehr intensiven Zeit mit Matayo fragte ich mich oft, ob ich meine eigenen Kinder vernachlässigte. Durch die Sonderbelastung des Asylverfahrens hatte ich noch weniger Zeit für sie und war innerlich auch sehr besetzt durch die Sorgen um Matayos Zukunft. Meine Gedanken kreisten ständig darum, wie wir eine Lösung finden könnten, damit Matayo nicht abgeschoben wurde. Die Aufgabe als Pflegemutter allein war schon zeitaufwendig, doch nun war ich auch noch Patin für ein Flüchtlingskind und musste mich in eine völlig neue Materie einarbeiten, von der ich sonst die Finger gelassen hätte, weil das alles extrem komplex war. Aber ich hatte meinen gesunden Menschenverstand, und der signalisierte mir, dass hier etwas nicht stimmte.

Mein Herz signalisierte mir auch, dass Amato zu kurz kam, doch er war mittlerweile sehr selbstständig geworden, und das machte mich auch stolz. Sein großes Hobby in der Pubertät war Snowboardfahren – und da hätte ich ihn auch ohne Pflegekinder nicht begleiten können. Viele Wochenenden verbrachte er mit Freunden in den Bergen, und er übernachtete auch öfter bei Klassenkameraden. Natürlich erschien mir das seltsam. Ich nahm fremde Kinder bei mir auf, und mein eigenes aß und schlief in anderen Familien. Doch dann war die Snowboardsaison zu Ende, und Amato war am Wochenende wieder öfter zu Hause, was sich für mich viel besser anfühlte, weil wir dann erst komplett waren. Allerdings musste ich feststellen, dass sich mein Sohn etwas abkapselte. Manchmal wusste ich nicht, was genau in ihm vorging. War das normal, war das die Pubertät, oder hatte ich mich zu wenig um ihn gekümmert? Meine Versäumnisse konnte ich nicht wiedergutmachen, auf einmal war Amato ein junger Mann – bis heute heiß geliebt von seiner Mama wie auch meine Tochter Gioia. Als das älteste Kind im Haus hatte sie immer einen besonderen Status. Gioia war leicht zu begeistern für unsere Abenteuer und Projekte und machte gern mit, meistens brachte sie eine Freundin dazu, allen Kindern gefiel es ja immer sehr gut bei uns. Mit Gioia, die mittlerweile selbst zweifache Mutter ist, spreche ich häufig über diese Jahre, und es tut meinem Herzen, das manchmal schon auch von Schuldgefühlen geplagt wird, gut, wenn sie mir sagt, dass sie mich heute verstehen kann. Als Kind musste sie wie Amato oft zurückstecken. Doch im Gegensatz zu ihm kann sie auf einen »Speckgürtel« als Einzelkind zurückgreifen, das nicht teilen musste – sieben Jahre lang auf einem wunderschönen Stück Erde in Italien, umsorgt von Müttern und Omas. Diese Zeit fehlte Amato, er ist zwar in Italien geboren, hat jedoch keine Erinnerungen an seine ersten Monate, er kennt das Land vor allem von unseren Besuchen.

Durch die Pflegekinder waren meine eigenen beiden schon in sehr jungen Jahren mit Schicksalen konfrontiert, die selbst Erwachsene nur schwer verarbeiten können. Gewiss, ich habe versucht, sie davor zu beschützen, doch wenn die Kinder zusammen spielten und eines erzählte, was ihm Schreckliches widerfahren war, dann konnte ich das nicht verhindern. Manchmal fragten sie mich auch etwas: Warum hat der Beni lauter Striemen am Rücken? Und ich versuchte, es so schonend wie möglich zu erklären. So wie meine Eltern mir den Boden für meine Wurzeln bereiteten, habe ich ihn für Gioia und Amato bereitet. Und wenn ich mir so ansehe, wie sie leben, stelle ich fest, dass der Familiendünger bei beiden Früchte gezeigt hat. Meine Kinder schauen nicht weg, sie sind charakterstarke Kämpfer mit einer starken sozialen Ader. Ich bin sehr stolz auf die beiden.

Der Schwarzfahrer

Unser zweiwöchiger Italienurlaub stand an – aber wohin mit Matayo? Er durfte das Land nicht verlassen, er hatte keinen Ausweis. Sollten deshalb alle auf den Urlaub verzichten? Ich schmiedete einen Plan.

»Das ist gegen das Gesetz«, sagte Christl grinsend.

»Das Gesetz ist manchmal auch gegen einen Menschen«, erwiderte ich. Und dann weihte ich meine Kinder ein. Alle waren begeistert von diesem Abenteuer, und ich war mir ziemlich sicher, dass ich mich auf sie verlassen konnte, zumal sie schlafen würden. Am wichtigsten war es jedoch, dass Matayo das auch tat – oder es zumindest vorgab.

»Wir fahren in der Nacht los«, erklärte ich ihm. »Zuerst sitzt du ganz normal im Auto mit den anderen Kindern. Doch wenn wir uns der Grenze nähern, legst du dich zwischen die Sitzreihen auf den Boden, ganz dicht an die Wand. Du ziehst dir eine Decke über den Kopf, und egal, was passiert: Du lässt die Augen zu. Auch wenn jemand an der Decke zieht. Hast du das verstanden?«

Seine großen Augen wurden noch größer. Er nickte.

»Ein schwarzes Kind in der Nacht sieht keiner«, erklärte ich ihm.

»Ist das gut?«, fragte er unsicher.

»Das ist prima. Nur nicht die Augen aufmachen, wenn das Auto hält.«

Aber das Auto hielt nicht, wir wurden Jahr für Jahr durchgewinkt und konnten so unsere alljährlichen Urlaube in Italien genießen.

Im öffentlichen Raum hatte Matayo weniger Glück. Er ist öfter kontrolliert worden als alle meine Kinder und ich zusammen. »Ihren Fahrschein, bitte«, »Ihren Ausweis, bitte« ... Er war fast achtzehn, als sein Fahrrad gestohlen wurde. Als er den Diebstahl anzeigte, sagte ein Polizist zu ihm: »Du aber gut sprechen Deutsch.« Matayo fand das nicht lustig, es nervte ihn kolossal, so behandelt zu werden. Einmal wurde er in Begleitung von Amato kontrolliert, musste sich auf der Wache ausziehen. Amato blieb unbehelligt und beschwerte sich: »Und ich?«

Achselzucken.

Da stellte sich Amato neben Matayo und zog sich ebenfalls aus.

Heute studiert Matayo in England. Er hat einen Ratschlag verinnerlicht, den ich ihm einmal gegeben habe: »Du musst immer eine Stufe besser sein als die anderen, mit denen du zu tun hast, falls du etwas erreichen willst.« Wenn er seine bayerische Heimat besucht, deren Dialekt er spricht, nervt es ihn, weil man ihn für einen Flüchtling hält. Dabei ist er doch ein geborener Bayer, ein Bio-Bayer sozusagen. Auch als Matayo schon Jahre bei uns lebte, wurde er noch gemobbt, verhöhnt, beleidigt, diskriminiert. Nur in seinem Fußballverein hatte der schwarze Stürmer einen guten Stand und entwickelte sich trotz aller Widernisse zu einem fröhlichen, wenn auch zurückhaltenden Jungen. In der Pubertät entpuppte er sich als cooler Draufgänger, der aber weiterhin unter Diskriminierungen litt. Bei einem Urlaub in Italien vertrieb ihn der Bademeister von einem Liegestuhl – er hielt ihn für einen afrikanischen Handtuchverkäufer. »Nächstes Jahr bleib ich zu Hause, Mama«, sagte Matayo,

obwohl er nun gültige Papiere hatte und nicht mehr ge-
schmuggelt zu werden brauchte.

Nach einem langen, nervenaufreibenden Kampf, bei
dem ich großartige, mutige und mitfühlende Menschen
kennenlernen durfte, war Matayos Aufenthaltsstatus
endlich geklärt.

Als sich abzeichnete, dass Matayo in den Kongo abgeschoben werden sollte, erreichte uns eine Welle der
Hilfsbereitschaft. Silvia, eine Bekannte, die über die Zeit
zur Freundin wurde, startete zusammen mit der Klas-
senlehrerin von Matayo einen Spendenaufruf »Hilfe für
Matayo«. Die Spenden ermöglichten es uns, den so dringend benötigten Rechtsbeistand zu bezahlen. Ein Rechtsanwalt setzte durch, dass die Abschiebung erst einmal
verhindert werden konnte. Trotzdem war viele Jahre
nicht geklärt, ob Mutter und Sohn in Deutschland ver-
bleiben konnten. Sie waren lediglich geduldet, und immer wieder musste um den Aufenthaltsstatus gekämpft
werden. Es gab zum Glück auch Bürger, die sich in unserer Gemeinde gegen Rassismus stemmten. Eine Weile
noch hing das Damoklesschwert über uns, dann konnte
ich endlich die Tasche mit der Kleidung für Matayo aus
dem Keller holen, sie auspacken und zu den anderen
Taschen stellen. Noch ziemlich lange überfiel mich ein
komisches Gefühl, wenn ich sie sah, das sich aber mit
der Zeit in Stolz verwandelte: Gemeinsam hatten wir es
geschafft. Wir hatten wilde Zeiten hinter uns, und einmal hatte es sogar so ausgesehen, als müssten wir Kir-
chenasyl in Anspruch nehmen, das uns ein Pfarrer mit
Herz angeboten hatte. Wie das Jugendamt auf so etwas
reagieren würde, wagte ich mir damals nicht auszumalen.

In den Jahren mit Matayo habe ich viele andere Kinder betreut, manche kurz, andere lang, und einige sehr lang wie Sabine, die zwölf Jahre bei uns blieb. Je älter Matayo wurde, desto mehr half er mit und war mir später als junger Mann eine große Stütze. Für die Kleineren war er der ältere, tolle, umschwärmte Bruder. Und wenn er einen Ball in die Hand oder vor die Füße bekam, wurde er zum Star. Er brachte den Kleineren Dribbeln bei und den Größeren Handstand, vor dem Schlafengehen verteilte er Windeln an alle Bedürftigen, und wer sich ein Knie aufgeschlagen oder Kummer hatte, fand Trost bei Matayo. Sogar als Detektiv betätigte er sich einmal ...

Das türkische Trio

Die Mutter der drei türkischen Jungs war ins Frauenhaus geflüchtet. Samir, Reber und Özil kamen in Bereitschaftspflege zu mir, bis das Jugendamt geklärt hätte, wie es mit dem Trio – ein, drei und fünf Jahre alt – weiterging. Ich hatte sie gerade bettfertig gemacht, da meldete mir Matayo – er war zu diesem Zeitpunkt fünfzehn und passte auch ein bisschen auf die Neuzugänge auf – etwas Komisches: »Im Zimmer der drei riecht es nach Likör.«

»Wo soll denn der herkommen?«, fragte ich, schaute aber sicherheitshalber nach dem Rechten.

Mucksmäuschenstill lagen die drei in ihren Betten. Das wäre an und für sich schon verdächtig gewesen, denn sie hatten mich den ganzen Tag auf Trab gehalten, nur Blödsinn im Kopf, obwohl sie so klein waren. Ich schnupperte. Matayo hatte recht. Likör, ohne Zweifel.

Auch kein Zweifel, dass wenigstens die beiden ältesten wach waren.

»Was habt ihr angestellt?«, fragte ich sie.

Reber, der Dreijährige, stand aufrecht in seinem Gitterbett, starrte mich aus großen Augen an und kippte dann um. Vor Schreck wäre ich ihm fast nachgefolgt. Zwei Schritte zum Bett, Reber rührte sich nicht, lag da wie tot, atmete aber noch. Ein prüfender Blick zu seinen Brüdern. Özil, der Kleine, schien zu schlafen, Samir schnaufte laut, unregelmäßig. Was sollte ich tun? Alle drei ins Auto laden, ins Krankenhaus fahren?

»Ich rufe den Notarzt!«, entschied Matayo, ebenso erschrocken wie ich.

Die Rettungsleitstelle schickte, was verfügbar war – drei Kinder mutmaßlich in Lebensgefahr! Nacheinander fuhren zwei Krankenwagen, die Feuerwehr und ein Notarzt vor. Die Männer und Frauen rannten ins Haus. »Schnell, schnell ins Kinderzimmer, hier entlang!« Reber regte sich noch immer nicht, atmete zwar, jedoch sehr flach und kaum sichtbar. Die Ärztin legte ihr Stethoskop an, leuchtete ihm in die Pupillen, sagte: »Seltsam.«

»Was ist?«

»Nichts«, sagte sie.

»Wie nichts?«, rief ich panisch. Keine Herztöne?

»Dem jungen Mann fehlt nichts. Oder?« Sie kitzelte ihn. Da riss der Totgeglaubte die Augen auf. Vor Erleichterung schossen mir die Tränen in die Augen. Auch die Rettungskräfte atmeten auf. Doch eine Erklärung hatten wir noch immer nicht für den Likörgeruch, den alle wahrnahmen. Zwei der Sanitäter, gestandene Mannsbilder, krochen schließlich auf allen vieren durch das Zimmer, schnupperten wie Hunde und folgten einer Spur zur Heizung, wo sie fündig wurden. Die Rasselbande hatte das Himbeershampoo meiner Tochter in die Heizkörperbehälter gekippt. Es war verdunstet und hatte vermeintliches Liköraroma hinterlassen. Vorsichtshalber probierte einer der Männer eine Fingerkuppe, spuckte aus. »Pfui Teufel, das haben die nie und nimmer getrunken!« Aber weshalb war Reber »kollabiert«? Eine allergische Reaktion? Nein, vier Sanitäter, eine Notärztin, zwei Krankenwagen, die Feuerwehr und ein Hubschrauber in Bereitschaft waren alarmiert worden, weil Reber geübt darin war, sich tot zu stellen, wenn sein Papa zornig wurde, weil der Papa dann den Gürtel durch die Schnallen zog und zuschlug. Abschließend stellte die Ärztin fest: »Patient wohlauf, Mutter dem Nervenzusammenbruch nahe.« Und Matayo redete am nächsten Tag ein ernstes Wort mit dem Trio. Seine Erziehungsmaßstäbe waren berüchtigt, er legte großen Wert auf Manieren. Ich musste bei Tisch überhaupt nichts sagen, das übernahm Matayo:

»Sitz aufrecht!«

»Nicht schmatzen!«

»Iss mit Messer und Gabel!«

»Hör auf zu schlürfen!«

Wenn die Kinder schlampig herumliefen, hielt er sie an, sich ordentlich zu kleiden. Das Haus sollten sie nicht mit Flecken auf den Klamotten verlassen. Er selbst war stets tadellos gekleidet, und seine Umgangsformen waren vom Feinsten. Ich denke, dass er seinen Angreifern von einst so den Wind aus den Segeln nehmen wollte. An ihm war alles in Ordnung! Um ihn darin zu bestärken, denn es ist die Hölle für ein Kind, anders zu sein als alle anderen, versuchte ich, seine Wurzeln in die unbekannte Heimat zu stärken.

Ich kaufte Bücher über den Kongo, lieh Bildbände und DVDs aus, ließ mir von Matayos Mutter, als es ihr besser ging, Rezepte aus ihrer Heimat diktieren, wir kochten gemeinsam, ich setzte Fisch und Süßkartoffeln auf unseren Speiseplan, und wenn es in unserer Nähe eine Ausstellung mit afrikanischem Hintergrund gab, packte ich alle Kinder ein, und wir schauten uns das an. Aus dem Kongo stammen auch einige herausragende Sportler. Es gibt dort Baumstammboote und sehr viel Coltan, ohne das Smartphones nicht funktionieren würden, und eine wunderbare Landschaft.

Als ich einmal von einem kongolesischen Medizinmann hörte, der auf Einladung von alternativen Heilern durch Deutschland reiste, ließ ich mir einen Termin für Matayo geben. Auch wenn er das Land seiner Mutter niemals betreten hat, ist er damit verbunden, und ich wollte ihm, so gut ich konnte, ein wenig von dessen Tradition zeigen. Der Medizinmann war eine beeindruckende Erscheinung, und er gab Matayo Räucherwerk und Kraftsteine, damit er gegen Krankheiten geschützt wäre. Dann sagte er sinngemäß zu ihm: »Du kannst stolz auf dich sein. Du hast viel geschafft. Doch bleibe bescheiden und denke immer daran, dass es viele gibt, die nicht so weit gekommen sind wie du. Und wenn du groß bist, wirst du vielleicht auch eines Tages dein Mutterland besuchen.«

»Ja«, sagte Matayo. »Mit meinen zwei Müttern.«

Ja, das würde ich wirklich sehr gerne tun. Doch bis heute fehlt das Geld dazu. Und Matayos Mutter könnte gar nicht mit, sie lebt zwar seit dreißig Jahren in Deutschland, ist jedoch nur geduldet und hat noch immer keine

Papiere, die ihr eine Wiedereinreise ermöglichen würden.

Ich glaube, dass das Wissen, woher wir kommen, sehr wichtig ist für jeden Menschen. Du bist nicht allein. Du stehst in einer langen Reihe, deine Vorfahren tragen dich. Du bist mit ihnen verbunden. Manchmal kommt es mir so vor, als würde die familiäre Verbundenheit bei uns immer geringer. Ja, Verwandtschaft kann ganz schön nerven, doch wir sollten unseren Kindern die Möglichkeit geben, selbst zu entscheiden, wie sie mit ihrer Familiengeschichte umgehen möchten. Wir sollten ihnen erzählen, wen es alles gibt und wie das alles zusammenhängt. Gewiss, manchmal muss man über seinen Schatten springen, vor allem, wenn der Haussegen schief hängt. Doch die Herkunft gehört zur Wurzelbildung des Kindes, und je fester es in einem guten Boden verankert ist, desto breiter kann seine Krone wachsen. Viele Familien sind heute auf einen harten Kern reduziert, die Mitglieder sind weit verstreut, gerade mal an Weihnachten treffen Festtagsgrüße ein. Ich finde es sehr schade, wenn die Zusammengehörigkeit in unserer modernen Welt verloren geht, denn sie schenkt uns auch Halt, und ich meine, den haben wir heute nötiger denn je, vor allem die Kinder.

Morgen kommt nicht nur ein Geburtstagsscheinchen, sondern deine Tante kommt zu Besuch ... Dein Onkel aus Amerika, ja, den gibt es tatsächlich, er hat gerade angerufen ... Ja, das war einmal Indianerland ... In den Ferien fahren wir in den Ruhrpott zu deinem Cousin, da waren früher ganz viele Bergwerke ... Familie erweitert nicht nur das Menschenbild, sondern auch das Weltbild. Aber den ersten Schritt können nicht die Kinder tun. Das ist Aufgabe der Eltern, und wenn sie es versäumen, ist die Kette manchmal unwiederbringlich unterbrochen. Das Wissen um die Herkunft vermittelt den Kindern Selbstsicherheit, weil sie sich gestärkt von einer Gruppe als Individuum wahrnehmen können: Ich gehöre dazu und bin doch ein eigener Mensch. Ein eigener Mensch sein können wir in Deutschland ziemlich gut – und darin liegen viele Vorteile. Am allerbesten wäre es, wir könnten auf beides zurückgreifen. Verbunden sein und sicher auf den eigenen Beinen stehen – wie Bäume mit tiefen Wurzeln und ausladender Krone.

Übrigens profitieren auch die Eltern davon, wenn sie sich mit ihrer Herkunft auseinandersetzen, man muss ja nicht gleich Stammbaumforschung betreiben. Wir stehen in einer Reihe mit unseren Kindern. Als Pflegemutter kommt es mir so vor, als würde ich in mehreren Reihen stehen. Ja, es ist mühsam, die Vergangenheit zu erforschen, aber auch sehr interessant. Ohne die vielen Geschichten aus dem Kongo wäre mein Leben ärmer.

Wäre Matayo älter gewesen, hätte er alles, was mit dem Kongo zusammenhängt, vielleicht strikt abgelehnt in dem Bestreben, ganz deutsch zu sein. Es kommt oft vor, dass Kinder ihre Herkunft verleugnen, vor allem, wenn sie mit unangenehmen Erinnerungen verknüpft ist. Kommt nicht aller Kummer, den sie aushalten müssen, daher? Es wäre doch viel besser, von Anfang an dazuzugehören. Nun, als in Bayern geborenes Kind gehörte Matayo dazu, und wäre seine Hautfarbe weiß-blau gewesen, hätte niemand daran gezweifelt.

Tor!

Ich betrieb auch Integration von innen, indem ich Matayo viele Therapien ermöglichte, die ich teilweise aus eigener Kasse bezahlte, was natürlich Auswirkungen auf unseren Gesamtetat hatte. Auch der Selbstverteidigungskurs für den defensiven Jungen war ein Extra, während einige Stunden Psychotherapie, Ergotherapie und Verhaltenstherapie von der Krankenkasse übernommen wurden. Viele meiner Kinder haben Therapietermine wahrzunehmen, und so fahre ich heute noch fast täglich durch die Gegend, bringe eins hierhin, hole ein anderes dort ab – Business as usual für alle Mütter im ländlichen Raum. Leider kann ich mir manche Therapien nicht leisten, die den Kindern sicher große Fortschritte ermöglichen würden, zum Beispiel tiergestützte Therapie. Die Kinderwelt ist ja voller Tiere – auch in ihren ersten Bilderbüchern. Viele sagen bald nach »Mama« »Miau« und »Wau-wau«. Tiere sind Freunde, die manchmal anderer Meinung als die Großen sind. Sie verständigen sich durch eine geheime Sprache und wissen oft mehr als die Großen, was die aber nicht merken. Therapeuten auf vier Pfoten helfen seit einiger Zeit leseschwachen Kindern. Die Methode verzeichnet große Erfolge: Ein Hund unterbricht nicht, korrigiert nicht, und für das Kind ist es ein tolles Gefühl, wenn es durch das Vorlesen zum Großen wird. Auch bei Kindern mit Sprachstörungen können Tiere eine heilende Wirkung entfalten. Und ist es nicht unglaublich, dass ein eher zartes Mädchen einem riesengroßen Pferd sagen kann, wohin es gehen soll? Das stärkt das Selbstbewusstsein, und dafür chauffiert die Pflegemutter ihre Schützlinge gern durch die Gegend. Ebenso wie zu Geburtstagen, Spielkontakten mit anderen Kindern, Arztbesuchen, Gymnastik, Sportverein, Musik, Chor. Aber es gibt auch Termine, die mich von anderen Eltern unterscheiden. Hilfeplangespräche im Jugendamt, Umgänge mit den Eltern meiner Pflegekinder, Fortbildungen. Allein die Organisation, das alles unter einen Hut zu bringen, erfordert manchmal akrobatische Terminjonglage.

Rückblickend glaube ich, dass es bei Matayo besonders wichtig war, seine Fähigkeiten zu fördern. Der Fußballverein war der erste wichtige Schritt. Wir neigen ja eher dazu, Kindern zu erklären, was sie unterlassen, was sie sich abgewöhnen sollen. Eine wirksamere Methode ist es, sie in ihren Stärken zu unterstützen, dann verschwindet manche schlechte Gewohnheit wie von selbst. Was Rauchen und Drogen betrifft, musste ich mir bei Matayo als Sportler nie Sorgen machen. Und wenn seine Mannschaft ein wichtiges Spiel bestritt, stand seine ganze bunte Familie am Rand und feuerte ihn an und klatschte, und Sabine sagte: »Mama, du hast ein knallrotes Gesicht«. Gioias Freundinnen wollten von ihr wissen, ob Matayo eine Freundin hätte, und Anton erklärte mir, dass er nicht mehr auf Matayo hören würde, weil dessen T-Shirt ganz dreckig sei, während Kerstin es total ungerecht fand, dass es keine Mannschaft für Mädchen gab, und dann schoss Matayo noch ein Tor, und wir sprangen in die Luft und jubelten ... Danach musste sich die Mama mal hinsetzen und durchschnaufen. Und während ich diesen Jungen über das Feld sprinten sah, spürte ich ganz tief in mir, dass alles richtig gewesen und keine Mühe umsonst gewesen war. Und ich war zutiefst dankbar für die Zeit mit ihm und diese wunderbare Erfahrung, wie viel wir erreichen können, wenn wir uns einer verletzten

Kinderseele achtsam und mitfühlend zuwenden. Ein kleiner Mensch braucht Große, die für seine Chancen kämpfen. Chancen, die er selbst dann verwandeln kann, in Tore zum Beispiel.

Bei einem sehr wichtigen Spiel saßen einmal seine beiden Mütter auf der Tribüne und feuerten ihn gemeinsam an, und irgendwann nahm Matayos Mutter meine Hand und drückte sie lang und fest. Tränen rannen ihr über das Gesicht. »Danke«, sagte sie immer wieder. »Danke.« Zum Schluss lagen wir uns weinend in den Armen und wahrscheinlich versäumten wir ein paar Pässe. Matayos Mutter ging es endlich wieder richtig gut, und dazu trug auch Matayo bei. Es hat zwar lange gedauert, doch heute gibt er ihr Kraft und spornt sie an, endlich mal besser Deutsch zu lernen. Niemand im Jugendamt hätte es für möglich gehalten, dass dieser Sohn sich einmal so verantwortungsvoll um seine Mutter kümmert, zu der er nach dem extrem schlechten Start doch noch eine gute Bindung entwickeln konnte. Wenn Matayo länger im Ausland ist und seine Mutter zu große Sehnsucht nach ihm hat, besucht sie mich. Einmal sagte sie:»Ihr hier seid jetzt meine Familie.«Wenn sie erfährt, dass ich krank bin, ruft sie fünfmal am Tag an und will unbedingt kommen und helfen. Und da entdecke ich dann die guten Eigenschaften ihres Sohnes in ihr.

Die offizielle Verwurzelung

Matayo hatte selbst schon gute Wurzeln ausgebildet, als er mit achtzehn Jahren auch im Land verwurzelt und endlich eingebürgert wurde. Ich saß neben ihm, während ihm ein Auszug aus dem Grundgesetz vorgelesen wurde. Danach bekundete er, dass er die Gesetze der Bundesrepublik Deutschland achten würde. Für seine einheimischen Peiniger der Vergangenheit schienen diese Gesetze nicht gegolten zu haben. Aber wie hatte ich meinem Pflegesohn schon früh gesagt: Du musst immer ein bisschen besser sein als die anderen. Ein bisschen schneller, ein bisschen ehrlicher, ein bisschen … deutscher!

Als Matayo seine erste Ausbildung abgeschlossen hatte, die für ihn nur ein Zwischenziel war, da er studieren wollte, wurden wir zum Abschlussgespräch beim Jugendamt eingeladen. Das Amt wollte die Akte Matayo schließen. Das Pflegekind hatte eine Ausbildung vollendet, hiermit erlosch die Begleitung der Jugendhilfe. Aber man wollte ihm noch eine kleine Starthilfe mit auf den Weg geben. Einmalig sollte er achthundert Euro zur Verselbstständigung bekommen. Vielleicht wollte er sich mit dem Geld seine erste eigene Wohnung einrichten?

»Wieso eine eigene Wohnung?«, fragte Matayo irritiert. »Ich bleibe bei Vera.«

»Nein, das ist nicht möglich. Diese Unterbringung bezahlen wir nicht mehr. Du bist jetzt ein erwachsener junger Mann, eigentlich sollte ich dich siezen.«

»Das ist schon in Ordnung«, nickte Matayo. Er kannte diese Dame vom Jugendamt schon lange. Sie war ihm eine herausragende Inspiration für seine Puppenspiele gewesen.

»Du musst jetzt auf eigenen Füßen stehen«, mahnte die Dame.

»Das mach ich schon lange«, sagte Matayo. »Ich habe meine Ausbildung abgeschlossen. Als Jahrgangsbester.«

»Okay, dann erhöhe ich ausnahmsweise auf tausend Euro. Ziehst du dann freiwillig aus?«

Ungläubig schüttelte Matayo den Kopf, dann lachte er. »Liebes Jugendamt, ich bedanke mich sehr für die Unterstützung, die mir wirklich geholfen hat. Doch jetzt brauche ich keine Hilfe mehr. Ich bin erwachsen. Und ich entscheide selbst für mich. Wenn ich bei meiner Pflegemutter Vera wohnen bleibe, ist das doch nicht verboten?«

»Verboten ist das natürlich nicht. Du kannst wohnen, wo du willst. Aber wir finanzieren es nicht mehr. Das musst du dann mit Frau Pein regeln, ob sie dich behält. Ganz ohne Zuschuss. Sie muss dich finanzieren, wenn du studieren willst. Von unserer Seite gibt es nichts mehr«, betonte sie noch einmal.

Sie fragte mich: »Ist Ihnen denn bewusst, worauf Sie sich da einlassen, Frau Pein? Sie haben doch selbst nicht so viel Geld.«

Entgeistert schaute ich sie an. »Ich kann doch ein Kind, das seit siebzehn Jahren bei mir lebt, nicht auf die Straße setzen, bloß weil das Jugendamt nicht mehr für seine Unterbringung zahlt!«

»Ja, wie Sie meinen. Das ist dann also ab jetzt Ihre Privatangelegenheit.«

»Genau«, sagte Matayo und wirkte unendlich erleichtert. »Das ist unsere Familienangelegenheit.«

Dank ist der Lohn

Wie viel Pflegegeld eine Pflegemutter pro Kind bekommt, hängt vom Alter des Kindes, dem Betreuungsaufwand und vom Landkreis ab. Das Pflegegeld ist kein Gehalt, sondern soll für den Unterhalt der Kinder verwendet werden. Ein verschwindend kleiner Teil der Summe gilt als Aufwandsentschädigung für die Arbeit der Pflegemutter. In Bayern erhält eine Pflegemutter monatlich circa 700 Euro für die Betreuung eines Kleinkindes, 1050 für die eines Teenagers. Wenn ein besonderer Erziehungsaufwand vorliegt, aber auch bei Erkrankungen werden noch einmal 300 Euro extra bezahlt. Und damit beginne ich zu rechnen: Wohnen, Essen, Kleidung, Transportkosten, Hobbys, Gesundheit, Ernährung, Bücher, Musikunterricht, Computer, Spiele, Ausflüge, Kultur, Ferien, Sonstiges ... *Mama, meine Schuhe drücken. Mama, alle haben aber einen bunten Rucksack. Mama, wann kriege ich ein Handy. Mama, der Schulausflug kostet fünfzig Euro. Mama, mein Fahrrad ist kaputt ...*
Sobald Extraausgaben anstehen, kann es eng werden. Eine Autoreparatur kostet dann schon mal schlaflose Nächte. Jahrelang hatte ich nur ein kleines Auto und keinen Bus wie später und bin oft zweimal hin- und hergefahren, um alle Kinder an einen Zielort chauffieren zu können. Mit meiner Waschmaschine habe ich ein inniges Verhältnis, und ihre Vorgängerin habe ich oft gebeten, noch ein bisschen durchzuhalten, wenn sie mit immer lauterem Murren ihre Runden drehte. Wichtige

Therapien und Heilbehandlungen für die Kinder sparte ich mir manchmal vom Munde ab. Aber wir haben es noch jedes Jahr zweimal geschafft, Pizza essen zu gehen – an den Zeugnistagen im Juli und im Februar.

Da das Pflegegeld nicht als Einkommen betrachtet wird, bleibt es unversteuert. Klingt erst mal gut? Ist aber eine Mogelpackung auf Kosten der Mütter, denn sie leben außerhalb der Rentenversicherung, wenn sie nicht private Vorsorge treffen, und hier sei die Frage gestattet: Wovon? Wenn die Pflegemütter erkranken, erhalten sie keine Bezüge; für diejenigen, die andere in der Not auffangen, ist kein soziales Netz gespannt. Und wenn Kinder ausziehen und die Pflegemutter eine Weile ohne Belegung ist, was gewünscht wird, damit man sich neu sortieren kann, erhält sie keine Unterstützung. Über diesen Missstand kann sie sich aber nicht beschweren, schließlich liebt sie ihre Arbeit und möchte sie weiterhin ausüben.

Zum Glück habe ich keine hohen Ansprüche und einen sehr netten Vermieter, der die Miete nicht erhöht hat, seit wir in seinem Haus wohnen, wenngleich ich in einer der teuersten Gegenden Deutschlands lebe. Aber alles hat zwei Seiten, und so ermöglicht diese traumhafte Wohnlage viele tolle Aktivitäten. Im Sommer haben wir viele Seen vor der Haustür und brauchen keinen Eintritt ins Schwimmbad zu zahlen und auch kein Benzingeld oder öffentliche Verkehrsmittel. Manchmal sind die Seen auch zugefroren, dann kann man Schlittschuh laufen, Eishockey spielen und Eisstockschießen oder einfach nur übers Eis rutschen. Es gibt herrliche Wälder, in denen wohlschmeckende Pilze wachsen, und wunderbare Pfade, auf denen die Kinder viele Abenteuer erleben können. Im Alpenvorland machen zahlreiche Touristen

Urlaub, das Allgäu ist nicht weit, und bei Föhn sind die Berge zum Greifen nah. Das alles erfüllt mich mit großer Dankbarkeit. Doch unterm Strich leben wir von der Hand in den Mund. Meine Kinder können das in ihrem eigenen Leben später einmal ändern. Wenn alles gut geht, werden ihnen viele Türen offen stehen. Sie sind jung, sie können lernen, sie können auch mal Glück haben nach ihrem schwierigen Start. Was meine finanzielle Zukunft betrifft, so ist sie alles andere als rosig.

Wenn eine Pflegemutter keinen gut verdienenden Mann hat, der einmal eine ausreichende Rente bekommt, rutscht sie in die Grundsicherung. Ich weiß nicht, wie ich dieses bittere Los abwenden soll, denn am Monatsende bleibt einfach nichts übrig. Klamotten kaufe ich mir nur secondhand, sehr selten leiste ich mir mal einen Film auf DVD, den ich im Kino nicht sehen konnte, weil ich abends immer zu Hause bin. Eine einzige Schwäche habe ich: Bücher. Doch auch sie kaufe ich meistens gebraucht, und natürlich leihe ich sie in der Bücherei. Außerdem habe ich mittlerweile selbst eine kleine Bibliothek, allerdings eher für Kinder. Bei mir wird noch geblättert, nicht gewischt!

Lobgesang

Im Jahr 2013 sollte ich den bayerischen Integrationspreis verliehen bekommen und beim Festakt persönlich anwesend sein, wozu ich tagelang organisieren musste und mir tatsächlich etwas Neues zum Anziehen kaufte. Ich würde ja auf einer Bühne stehen, und die Zuschauer hätten meine Latschen im Blick. »So nicht, Mama!«, befahl Matayo. »Du brauchst neue Schuhe!«

Alles zusammengerechnet war mit dem Aufwand dann fast das ganze Preisgeld auf den Putz gehauen: vierhundert Euro. Diese Auszeichnung des Bayerischen Staates beschäftigte mich danach noch lange, genauer gesagt ein Jahr, denn bei der Preisverleihung hatte ich einen Unfall: Geblendet von den Scheinwerfern und noch immer tief gerührt von Matayos Rede vor den rund zweitausend Anwesenden ging ich mit einem Blumenstrauß in der einen Hand und dem bügelbrettgroßen Scheck in der anderen zurück zu meinem Platz. Auf der Bühne hatte jemand ein Kabel nicht ordentlich auf den Boden geklebt, es lag lose. Ohne es zu merken, fädelte ich meinen Fuß durch die Schlaufe und schleifte das Kabel mit. Auf der Treppe in den Zuschauerraum zog es mir die Beine weg, und ich stürzte, ohne mich abfangen zu können. Im Publikum wurde gelacht. Ich hörte aber auch meine Kinder schreien. Von der Bühne fragte ein Regierungssprecher: »Geht es Ihnen gut, Frau Pein?« Woher ich die Geistesgegenwart besaß zu antworten: »Das war der Kniefall vor der Regierung von Oberbayern«, weiß ich nicht. Jetzt wurde noch mehr gelacht. Ich hatte solche Schmerzen in der Schulter, am Rücken, überall, dass mir übel war. Und es war entsetzlich peinlich. Ich vermutete eine Prellung, doch die Schmerzen waren höllisch, auch während der nächsten Tage. Ich konnte den Arm kaum mehr bewegen. Wie sollte ich die Kinder versorgen, den Haushalt bewältigen? Und nein, ich hatte keine Stöckelschuhe getragen, sondern flache, die ich auch in meinem Alltag gut gebrauchen konnte.

Ärztlicherseits wurde eine Muskelverletzung diagnostiziert. Ich sollte mich schonen. »Zum Glück ist Ihre Tochter bei Ihnen«, meinte ein Arzt. »Die kann Ihnen ja helfen.«

Nein, so war es nicht geplant. Gioia erwartete ihr zweites Kind, ich hatte mich sehr auf diese Zeit mit meiner Tochter und dem Enkel gefreut und wollte ihr nicht zur Last fallen. Aber kurz nach der Geburt meines zweiten Enkelkindes konnte ich vor Schmerzen nicht mehr schlafen. Ein Orthopäde diagnostizierte einen Muskelabriss, der längst hätte operiert werden müssen.

»Ich kann jetzt nicht weg von zu Hause.«

»Sie müssen. Sonst können Sie den Arm vergessen«, wurde der Arzt ungewöhnlich deutlich. Und er hatte gleich noch eine Hiobsbotschaft für mich: Nach der Operation sollte ich meinen rechten Arm vier Monate nicht bewegen, er würde am Körper fixiert, damit der Muskel wieder zusammenwuchs.

»Mach dir mal keine Sorgen«, sagte meine Tochter, die nach der Geburt wieder nach Italien zurückgekehrt war. »Da steht dir sicher eine Haushaltshilfe zu.«

Ja, so war es, und zwar zwei Stunden pro Tag. Nach mehrfacher zeit- und nervenaufwendiger Schilderung der Notlage wurde die Unterstützung auf sechs Stunden pro Tag ausgeweitet. Ich möchte nicht sagen, dass das ein Tropfen auf den heißen Stein war, es war vielleicht ein Liter, aber es war zu wenig, um alle Pflegekinder zu versorgen, den Haushalt und die Fahrten zu absolvieren. Denn jedes Kind hatte Termine. Gewiss, den Sport- oder Musikunterricht konnten wir mal ausfallen lassen, was ich aber eigentlich nicht wollte. Doch die Therapien mussten fortgeführt werden, auch meine eigenen. Ich sollte dreimal wöchentlich zur Physiotherapie, musste zu Nachuntersuchungen und so weiter. Einarmig konnte ich nicht Auto fahren, und in meiner Wohnlage ist man ohne Auto aufgeschmissen. Ohne die Nachbarschaftshilfen wären wir untergegangen.

Unterm Strich hat mich der Integrationspreis ein Vielfaches des Preisgeldes gekostet, und ich habe lang gebraucht, bis ich das wieder ausgebügelt hatte, beziehungsweise musste ich alle meine Reserven verbrauchen, die ich mir vor Jahren zur Seite gelegt hatte, als Matayo mich überredet hatte, mich bei »Wer wird Millionär« mit Günther Jauch zu melden. Nach großer Aufregung kam ich mit 64 000 Euro nach Hause und konnte viel Gutes für meine Kinder tun, wie eine kostspielige Traumatherapie für ein Pflegekind finanzieren, therapeutisches Reiten für ein anderes, eine gemeinsame Reise unternehmen, einen Dampfkochtopf und eine Profi-Küchenmaschine anschaffen sowie einiges Nötige am Haus reparieren lassen und den einen oder anderen Kinderwunsch erfüllen. Auch ein neuer Therapeut auf vier Pfoten kam ins Haus. Aber als ich den Arm nicht bewegen konnte, erledigte er den Abwasch nicht zufriedenstellend, wenngleich er mit seiner langen Hundezunge gern sein Bestes gegeben hätte.

Matayos Auftritt

Matayos wunderbare Rede, die er bei der Preisverleihung gehalten hatte, wärmte mir in dieser schweren Zeit oft das Herz und die Seele.

Mein Name ist Matayo. Ich bin vor 21 Jahren in München geboren und wohne seit 17 Jahren in dieser Pflegefamilie. Meiner Pflegemutter habe ich sehr, sehr vieles zu verdanken. Es ist nicht einfach, als sehr angepasster, nicht negativ auffallender Deutsch-Afrikaner anerkannt, nicht falsch verstanden oder beachtet zu werden. Sehr früh in meinem Leben habe ich gelernt, dass es in vielen Bereichen unserer Gesellschaft eine klare Trennung zwischen Schwarz und Weiß gibt. Ich möchte Ihnen von meinem ersten Schultag erzählen. Was mir damals passierte, war eine der wichtigsten und bedeutendsten Erfahrungen in meinem Leben.

Ich saß wie alle anderen Schulkinder brav und sehr aufgeregt mit meiner Schultüte in der Bank und fieberte dem ersten Schultag entgegen. Ziemlich plötzlich kam eine Frau zu ihrem Sohn, der neben mir saß, und sagte: »Mein Sohn, neben dem da darfst du nicht sitzen. Der ist nicht gut für dich.« Daraufhin stand der Sohn auf und setzte sich an einen anderen Platz. Kurze Zeit später, nicht einmal eine Minute war vergangen, saß jemand anderes neben mir auf diesem Platz. Eine für mich riesige Person, die nicht zu der Größe des Stuhles und der Schulkinder passte. Es war meine Mutter, die mir den Rücken streichelte und ins Ohr flüsterte: »Egal, was passiert. Ich werde bei dir sein und dich immer unterstützen.«

Dies ist meine Lieblingsgeschichte, ich könnte noch viele andere erzählen, weil mir da schon klar wurde, dass mir als Afrikaner in Deutschland nichts geschenkt wird, aber diese Mutter.

Natürlich habe ich in meiner Zeit bis jetzt auch erleben dürfen, wie schön es doch ist, als Afrikaner auf einem fremden Kontinent, in einem fremden Land oder einer fremden Stadt zu leben. Sehr oft wurde ich der beste Sportler der Schule, lobte man mich für meine aufgeschlossene und höfliche Art. Doch es gibt eben auch die Kehrseite der Medaille. Ständige Personenkontrollen in München, wenig Wertschätzung, weil man Afrikaner ist, lange bis sehr lange Bewerbungsgespräche für eine Ausbildung, obwohl man das bessere Zeugnis als seine Mitbewerber besaß.

Nach den Erfahrungen in meinen ersten beiden Schuljahren sagte mir meine Mutter sehr deutlich: »Matayo, du bist ein

Gast in diesem Land. Auch wenn du hier geboren bist und du die deutsche Sprache besser beherrschst als manch ein Deutscher, musst du immer besser sein als alle anderen, in jeder Hinsicht!« Und was soll ich sagen – natürlich hat meine Mutter recht. Und ich kann Ihnen auch sagen, dass das nicht immer einfach ist, aber ich habe gelernt, damit umzugehen. Ich machte die Schwäche vieler – jemanden zu unterschätzen – zu einer meiner Stärken. Ich kam sehr leise und hinterließ einen Platz mit vielen Überraschungen und Erinnerungen. Dieses Denken sowie den Willen, niemals aufzugeben, gab mir in den ganzen Jahren meine Mutter mit. Sie lebte es mir vor, sich immer aufs Neue zu beweisen.

Heute stehe ich hier, um meiner Mutter von ganzem Herzen zu danken und ihr zu sagen, wie sehr ich sie liebe und wie glücklich ich bin, dass sie diese große Rolle in meinem lehrreichen Leben innehat.

Zeit für mich

Nach der Verleihung des Integrationspreises wurde ich gelegentlich angesprochen – ich war ja mit Bild in der Zeitung gewesen. Manche Frauen erkundigten sich bei mir nach den Kriterien für eine Pflegemutter. Wenn ich dann ein bisschen erzählte, kam oft eine Frage, die mich irritierte: Da hat man ja gar keine Zeit für sich selbst, oder?

Ich höre oft, dass Leute bedauern, dass sie keine Zeit haben. Das kann ich nicht nachvollziehen, weil ich, solange ich lebe, Zeit habe, und diese Zeit ist meine Zeit, Zeit für mich.

»Aber Sie könnten mal ein Wochenende wegfahren.«

Ich will aber nicht irgendwohin übers Wochenende.

»Ich meine allein.«

Warum sollte ich allein irgendwohin fahren, wenn ich die Kinder mitnehmen könnte?

»Damit Sie mal Zeit für sich haben.«

Die habe ich ständig. Jeden Tag von morgens bis abends habe ich Zeit für mich. Und ich möchte auch nicht allein irgendwohin fahren, denn ich kann ja nicht aus meiner Haut. Wenn ich allein verreisen würde, müsste ich ständig darüber nachdenken, was die zu Hause ohne mich anstellen. Und außerdem wäre das alles furchtbar kompliziert zu organisieren, es ist ja jetzt schon schwierig, wenn ich mal mit einer Freundin ins Theater möchte. Wer passt dann auf die Kinder auf?

»Aber das ist doch gar keine Erholung, immer mit den Kindern!«

Ich kann mir nichts Schöneres vorstellen, als mit allen zusammen in Italien am Meer zu sein, zu picknicken, Federball zu spielen und faul im Sand zu liegen.

»Aber wo bleiben denn Ihre Interessen, wo bleibt Ihre Selbstverwirklichung?«

Wie atemlos junge Mütter manchmal sind, weil sie ständig hinterherhecheln, weil sie zu viel auf einmal wollen und weil ihnen so viele Steine in den Weg gelegt werden bei der Vereinbarkeit von Familie und Beruf.

Für mich ist das alles viel leichter. Meine Familie ist mein Beruf. Ich glaube, dass es viele Eltern heute auch deshalb so schwer haben, weil sie ihre Kinder auf Abstand halten. Wer Zeit für sich braucht, sieht in den Kindern einen Störfaktor, der diese Zeit beeinträchtigt. Ich bin mir auch nicht sicher, ob einige der jungen Mütter diese Zeit wirklich brauchen oder ob man das heute so sagt, weil eine Frau ja nicht nur auf ihre Mutterschaft reduziert werden will. Wobei mir »Mutter« und »reduziert« in einem Satz überhaupt nicht gefällt. Aber ich bin altmodisch, ich weiß. Und ich habe keine Ahnung, wie ich leben würde, wenn ich heute eine junge Frau wäre. Ob ich dann auch Pflegemutter wäre, oder ob ich mich, statt um Kinder, um Projekte kümmern würde. Aber ich glaube, dass sich viele Frauen sehr erleichtert und wertgeschätzt fühlen würden, wenn sie erst mal eine Weile mit ihrem Kind verbringen könnten – ohne dafür mit finanziellen Einbußen und verlorenen Perspektiven in ihrem Arbeitsleben rechnen zu müssen.

Mit Kindern kann man Zeit für sich abschreiben. Man fährt besser damit, wenn man seine Zeit komplett als Zeit für sich betrachtet. Und man wollte die Kinder ja nicht nur für ein gewisses tägliches Zeitkontingent, man wollte Kinder. Für immer. Oder?

Ich hatte in meinem Leben wenig Zeit, mir viele Gedanken zu machen, weil immer ein bunter Haufen Kinder um mich herumwuselte. Hin und wieder kam es mir so vor, als würden sie mich ablenken. Dann wieder fragte ich mich, wovon eigentlich? Denn ist es nicht wunderbar, in die Gegenwart hinein abgelenkt zu werden? Was das betrifft, sind Kinder große Meister.

Ich war in meinem ganzen Leben noch auf keiner Mutterkur. Ich muss nirgends hinfahren und mich erholen. Wenn ich abends in meinem Bett liege, die Kinder sind versorgt, die Küche ist geputzt, und ich weiß, was ich morgen koche, und ich dann noch ein paar Seiten lese, womöglich ist das Zeit für mich, dann schlafe ich zufrieden ein. Vorher bedanke ich mich für den schönen Tag und bin gespannt, was der nächste bringt. Manchmal bringt er ein neues Kind.

Stark und selbstbewusst
Grenzen setzen:
Lukas

Das Jugendamt einer benachbarten Gemeinde rief mich am ersten Schultag nach den Sommerferien an. »Können wir sofort einen Jungen aus einer Ferienfreizeit bringen? Die Betreuer sind sicher, dass das Kind missbraucht wurde. Die Herkunftsfamilie, vor allem der Großvater, darf nicht wissen, wo es sich aufhält. Ach ja, er heißt Lukas.«
»Ich bereite alles vor«, sagte ich.

Viele Kinder kommen innerhalb einer Stunde bei mir an, und die meisten haben nur das dabei, was sie am Leib tragen. Im Keller habe ich einen großen Schrank mit einer Grundausstattung für verschiedene Kindergrößen. Wichtiger als die Kleidung ist die Vorbereitung der anderen Pflegekinder: Da kommt jetzt gleich ein Junge zu uns, der braucht unsere Hilfe. Wir wissen noch nicht, was ihm zugestoßen ist. Wir sind ein Team und öffnen gemeinsam unsere Tür für das neue Kind. Diese Willkommensstrategie hat einen wunderbaren Nebeneffekt: Sie lässt keine Konkurrenz zwischen den Kindern entstehen. Wir sind eine Gemeinschaft und helfen zusammen, damit der Neuankömmling Fuß fassen kann. Wir zeigen ihm: Was immer dir auch geschehen ist, es gibt einen Ort, an dem du willkommen bist und beschützt und geliebt. Die »Alten«, sozusagen das Integrationsteam, zeigen den »Neuen« auch, wie der Alltag bei uns abläuft. Dabei spielt es keine Rolle, aus welcher Kultur das neue Gastkind kommt. Jedes Kind hat die gleichen Probleme, muss sich einfinden in ein neues Leben und Umfeld. In einer Pflegefamilie darf die Herkunft, der Hintergrund der Kinder keinen Unterschied machen, die Ausgangsbedingungen sind immer gleich. Ein Kind in Not braucht Unterstützung, um die Wunden aus seinem vorherigen Leben heilen zu lassen.

In den letzten Jahren habe ich unter den Kindern allerdings etwas mehr Integrationsprobleme als früher erlebt. Ich habe mich oft gefragt, woran das liegt. Sind die Kinder anspruchsvoller, bedürftiger geworden? Mittlerweile glaube ich, dass der Auszug meiner leiblichen Kinder die Situation veränderte. Früher hat es die Pflegekinder anscheinend geeint, dass sie alle nicht meine leiblichen Kinder waren. Erst als Gioia und Amato ausgezogen waren, konnte man um Platz eins rangeln. Doch zum Glück hielt sich das immer in Grenzen, Eifersucht oder Neid unter »Geschwistern« war langfristig nie ein Thema in unserem Zusammenleben. Auch nicht mit Lukas, er hatte ganz andere Probleme, die ich mir in meinen schrecklichsten Träumen nicht hätte vorstellen können.

Der zarte Junge mit blondem Lockenkopf, der auch ein Mädchen hätte sein können, trug einen riesigen bunten Rucksack auf dem Rücken, unter dem er fast verschwand. Die meisten Kinder sind bei ihrem Eintreffen still. Sie wurden aus ihrem gewohnten Umfeld herausgenommen, wissen nicht, was auf sie zukommt, haben Heimweh, denn auch wenn es daheim schrecklich ist, so ist es dort doch vertraut. Lukas war anders. Schon während die Sachbearbeiterin ihn mir übergab, war er am Plappern. »Ui, ist das schön hier, ich habe gehört, hier gibt es Tiere, ich liebe Tiere, daheim habe ich eine Katze, die hat ein ganz weiches Fell und …«

Meine zwei Mädels traten vor:

»Ich bin die Sabine.«

»Und ich die Kerstin.«

Vom Alter passten die drei prima zueinander. Aber Lukas reagierte nicht auf sie. »Ich habe gehört, dass ich heute gar keine Hausaufgaben machen muss, das ist super. Überhaupt ist es ja total super hier.« Ja, für Lukas war alles super. Als die Sachbearbeiterin fort war, rannte er durch das ganze Haus, öffnete Schränke, riss Schubladen heraus, und die Wörter sprudelten ohne Unterlass aus dem mageren Kinderkörper. So ein nervöses Kind hatte ich selten gesehen. Er redete pausenlos bis zum Abendessen und beim Abendessen. Kerstin und Sabine fielen ihm manchmal ins Wort, Matayo und Basti, ein elfjähriger Junge in Kurzzeitpflege, verdrehten genervt die Augen. Vor dem Zubettgehen wollte ich, dass Lukas duschte. Er versteckte sich hinter der Badezimmertür. Kein Wort kam ihm mehr über die Lippen. Stocksteif stand er hinter der Tür, die Schultern hochgezogen. Allein seine Augen hetzten durch den Raum, als suche er eine Fluchtmöglichkeit.

»Keine Angst«, sagte ich. »Das Wasser ist nicht kalt. Zieh dich bitte mal aus.«

Zögerlich schlüpfte er aus seinen Klamotten. Jetzt erst sah ich, wie dünn er war. Ich hätte seine Rippen zählen können. Je nackter er wurde, desto langsamer zog er sich aus. Schließlich erklärte er mir: »Die Unterhose lasse ich an.«

»Okay, dann duschst du mit Unterhose«, sagte ich, als wäre es das Normalste von der Welt, während ich am liebsten geheult hätte. Was hatte dieser kleine Junge erleben müssen? »Aber danach musst du eine frische anziehen, weil die alte ja dann nass sein wird.«

Lukas nickte. Als ich ihn später in einem weichen Schlafanzug von Sabine ins Bett legte, sollte ich die Bettdecke ganz fest rundum um ihn einstecken, und er fragte zweimal nach: »Ist das wirklich richtig fest?«

»Ja, ganz fest.«

»So fest, dass es nicht mehr aufgeht?«

»Ja, so fest, dass es nicht mehr aufgeht.«

»Bleib ich jetzt hier?«

»Ja, erst mal bleibst du hier.«

»Und ich kann die ganze Nacht in dem Zimmer bleiben?«

»Ja, die ganze Nacht.«

»Keiner holt mich?«

»Nein. Du bleibst die ganze Nacht in diesem Bett, und keiner kommt rein.«

»Kannst du das Licht anlassen?«

»Ja, natürlich. Schlaf gut, Lukas.« Ich ging zur Tür.

»Und wirklich keiner?«, fragte er noch mal.

»Versprochen.« Zur Sicherheit blieb ich noch eine Weile im Zimmer, aber er sagte nichts mehr, und an seinen Atemzügen hörte ich zu meiner Erleichterung, dass er schnell einschlief.

Am nächsten Morgen beim Frühstück plapperte Lukas ohne Punkt und Komma weiter. Es war gerade so, als müsse Druck entweichen, und sein Mundwerk war das Ventil. Meine Kinder waren morgens nicht allzu gesprächig. Ich glaube, so schnell wie an diesem Morgen waren sie noch nie mit dem Frühstück fertig, sie suchten geradezu das Weite. Doch schon am Nachmittag kam es zu ersten zarten Banden zwischen Sabine und Lukas und dann auch zu Kerstin. Innerhalb von einigen Tagen entwickelten die drei Kinder eine schöne Nähe. Was mich besonders berührte, da Sabine und Kerstin ja enge Freundinnen waren. Ganz selbstverständlich öffneten sie ihren Kreis für Lukas. Kerstin wurde nach dem Abendessen meistens abgeholt und schlief bei ihrer leiblichen Mutter. Diese fragte mich nach einigen Tagen, was es mit dem neuen Jungen auf sich habe. Kerstin hatte munter erzählt, was Lukas alles von sich gab bei seinen neuen Freundinnen, vor allem von seinem Opa, vor dem er große Angst zu haben schien. Kerstins Mutter wiederholte die Bitte ihrer Tochter:

»Mama, der arme Lukas hat gar kein eigenes Bett daheim. Er muss immer bei seinem Opa im Bett schlafen. Und weißt du, er hat total Angst, dass sein Opa jetzt seine Minka tot macht, weil er nämlich nicht mehr bei ihm im Bett schläft. Kannst du da mal anrufen und sagen, dass er uns die Minka bringen soll? Ich hab mir doch schon immer eine Katze gewünscht.«

Ich nickte bedrückt. Diese große Sorge hatte mir der kleine Junge auch schon anvertraut.

»Was ist da los?«, fragte Kerstins Mutter.

Mittlerweile wusste ich ein bisschen mehr. Aber es fiel mir schwer, darüber zu sprechen. Natürlich war es nichts Neues für mich, dass Kinder sexuell missbraucht wurden von ihren Vätern, Großvätern, Onkeln, von Nachbarn und Freunden der Eltern und manchmal auch von Frauen. Ich hatte auch schon einige Kinder in Obhut, bei denen der Verdacht im Raum gestanden war. Doch ich hatte noch nie ein Kind erlebt, das den Missbrauch so eindeutig signalisierte wie Lukas. Was leider nicht bedeutet, dass so etwas selten vorkommt. Nein, ich kenne auch Pflegemütter, die häufig missbrauchte Kinder bei sich aufgenommen haben.

Vielleicht habe ich einfach Glück gehabt mit meinen Kindern, im Großen und Ganzen blieb ich verschont von Dramen, wie ich sie manchmal bei Pflegemütter-Treffen erzählt bekomme. Meine Kinder wurden geschlagen, ja. Sie mussten bei Regen im Winter eine Stunde auf dem Balkon stehen, ja. Sie bekamen manchmal nichts zu essen und waren meistens in psychischen Ausnahmesituationen. Gelegentlich wurden sie auch Opfer von größerer Gewalt. Doch Kinder, die von ihren Eltern fast zu Tode geprügelt, gewürgt, geschüttelt und anderweitig über lange Zeit gefoltert wurden, habe ich nie aufnehmen müssen. Ich sage müssen, weil das für mich selbst kaum zu ertragen ist. Da denke ich an meine liebe Mutter, die davon überzeugt war, dass wir alle nur so viel aufgebürdet bekommen, wie wir tragen können. So bin ich dankbar, dass Lukas mein einziges Kind mit einer dermaßen schlimmen Missbrauchsgeschichte war. Leider konnte ich sie nicht ungeschehen machen. Aber ich versuchte, ihm Sicherheit zu vermitteln: Jetzt bist du erst mal hier und bleibst hier und machst mal richtig schön Urlaub bei uns. Wir kriegen das alles hin.

Lukas wäre sehr viel erspart worden, wenn die Behörden nach seiner Inobhutnahme sensibler mit dem Kind umgegangen wären. Wenn man es ihm ermöglicht hätte, einen Schnitt zu machen und ein neues Leben zu beginnen. Doch wir sind ein Rechtsstaat, und ein Täter hat Anspruch auf einen fairen Prozess, auch wenn dazu gehört, dass das Verfahren dem Kind gegenüber unfair ist. Immer wieder wurde Lukas von der Polizei befragt, obgleich er schon alles erzählt hatte. Diese Vernehmungen waren extrem belastend für den Jungen. Einmal nahm ich, durch eine Glasscheibe getrennt, daran teil. Neben mir saß eine schwangere Polizistin. Nach fünfzehn Minuten entschuldigte sie sich und rannte aus dem Raum. Als die Vernehmung nach über zwei Stunden beendet war, Lukas nur mehr ein Häufchen Elend, traf ich sie im Flur. Ihre Augen waren verschwollen, sie war noch immer völlig außer sich von dem, was der Junge erzählt hatte. »Entschuldigung, ich konnte es einfach nicht mehr aushalten.«

Ja. Es war unerträglich. Aber dem Jungen wurde das zugemutet, und dann überreichte man mir den Scherbenhaufen, und ich musste sehen, wie ich ihn wieder kitten konnte. Und das, wo wir doch in den letzten Wochen eine gute Basis für einen Neuanfang geschaffen hatten. Das machte mich so wütend, besonders auch die langen Zeitabstände in den Ermittlungen. Vier Monate kein Ton von den Behörden, und dann wurde alles wieder aufgewühlt. Und wieder Pause und schließlich alles von vorne bei einem Glaubwürdigkeitsgutachter. Ist das wirklich passiert oder hat sich das Kind das ausgedacht? *Wie oft hat dein Opa gesagt, dass du in sein Bett kommen sollst? Was hat der Opa dann gemacht? Wo genau hat er dich angefasst? Was hast du bei dem Opa machen sollen? Wo war die Mama, wenn du mit dem Opa allein warst? Was hat der Opa zu dir gesagt, damit du das niemandem erzählst?* Und immer wieder in die Details und noch mal von vorne. In dieser Zeit durfte der Junge nicht zur Schule, was die Situation für ihn verschlimmerte. Er war aus allem herausgerissen, und natürlich fühlte er sich schuldig. Hätte er doch einfach nichts gesagt, dachte er wohl manchmal bei sich, dann wäre er wenigstens noch in seinem alten Leben, in dem es ja auch schöne Sachen gegeben hatte. Er vermisste seine Minka.

Lukas zog sich nach solchen Terminen tief in sich zurück. Er wollte nicht mehr essen und wurde zum Bettnässer, wie es viele meiner Kinder waren, die nachts noch Windeln brauchten, obwohl sie fünf, sechs, sieben Jahre und älter waren. Manchmal befürchtete ich, ich könnte ihn gar nicht mehr erreichen, aber dann lockten ihn die anderen Kinder wieder heraus, und auf einmal lachte er und spielte, als wäre das alles nur ein böser Traum gewesen.

»Ein Traum«, so nannte es auch der Rechtsanwalt des Großvaters. Und die Verletzungen am Anus, die bei einer Untersuchung nachgewiesen wurden, hatte sich der Junge wahrscheinlich beim Spielen selbst beigebracht.

In dieser Zeit war ich manchmal so empört wie niemals zuvor in meinem Leben. Ich konnte es nicht fassen, wie mit dem missbrauchten Jungen umgegangen wurde und wie allein er gelassen wurde. Die Behörden gingen strikt nach ihren Richtlinien und Paragrafen vor, doch sie sahen nicht, wie Lukas in seinem Essen herumstocherte, wie seine Augen unruhig umherirrten, wie er manchmal die Decke über den Kopf zog. Sie hörten ihn nicht schreien in der Nacht. Vielleicht hätten sie dann genauso schlecht geschlafen wie ich in diesen Wochen. Und ich hatte ja noch meine anderen Kinder und wollte sie vor dieser unheilvollen Wolke schützen. Sie hatten ein Recht auf fröhliches Schlittenfahren und Vorlesen und Kuscheln … Sie brauchten mich doch auch.

Das Urteil

Ein absoluter Tiefpunkt war die Verhandlung, nach deren Abschluss Lukas' Großvater auf freiem Fuß blieb –

aus Mangel an Beweisen und nach dem Grundsatz »Im Zweifel für den Angeklagten«. Missbraucht worden sei das Kind sicher, doch es sei nicht klar zuzuordnen, durch wen. Ich war empört. In diesem Moment verlor ich mein Vertrauen in die Gerechtigkeit. Lukas hat dieses Vertrauen auch verloren, spätestens seit er als junger Mann von zwanzig Jahren die Aufforderung erhielt, die Beerdigungskosten für seinen verstorbenen Großvater zu bezahlen.

»Ich hab mir einen Anwalt genommen«, erzählte er mir am Telefon.

»Brauchst du einen Zuschuss, um ihn zu bezahlen?«

»Das schaff ich schon, danke. Und ich hab mir überlegt, Vera, dass ich vielleicht noch mal umsattle und lieber Jura studiere.«

»Ach …«

»Ja. Man muss sich wehren. Und zwar systemrelevant.«

»Hast du denn noch irgendwelche Hilfen oder irgendeine Unterstützung in deinem Bundesland?«

»Nein, natürlich nicht«, sagte Lukas. »Mein Fall ist erledigt.«

Es war wie bei uns in Bayern. Wenn das Kind aus dem Pflegeverhältnis ausscheidet, ist niemand mehr zuständig. Entweder es kriegt in diesem befristeten Zeitraum sein Leben geregelt oder es hat eben Pech gehabt. Sobald die offizielle Fürsorge abgeschlossen ist, wird die Akte geschlossen. Lukas ist heute ein fleißiger Student, doch er hat noch nie eine Beziehung gehabt. Eine Weile spielte er mit dem Gedanken, in ein Kloster einzutreten. Doch diverse Vorkommnisse hielten ihn dann davon ab.

Lukas blieb damals nur ein Jahr bei uns. Ich hätte ihn gern länger behalten, zumal er sich so gut einlebte. Doch das Jugendamt schätzte die Gefahr einer Wiederbegegnung mit dem in der Nähe lebenden Großvater als zu hoch ein und brachte den Jungen schließlich in einem anderen Bundesland unter. Fast zehn Jahre danach meldete er sich bei mir, wir hatten keinen Kontakt gehabt, doch er hatte sich meinen Namen gemerkt. *Keine Pein bei Pein* lautete seine Eselsbrücke. Er kam zu Besuch und wollte ganz genau wissen, was eigentlich alles passiert war damals. Und er sagte mir, dass ich, dass wir seine Rettung gewesen seien. Das sah ich anders, denn meiner Meinung nach hatte ich Lukas viel zu wenig helfen können. Ich hätte gern mehr für diesen Jungen getan.

Neulich sagte er, dass es eine meiner besten Entscheidungen gewesen sei, ihn in seiner Wehrhaftigkeit zu stärken. Die Kinder, die zu mir kommen, haben oft sehr wenig Selbstvertrauen. Einige von ihnen sind im Selbstverteidigungstraining für Kinder regelrecht aufgeblüht. Gerade missbrauchte Kinder haben Probleme, ihre Grenzen zu schützen, denn die wurden ja brutal niedergerissen. Wenn sie lernen, Nein zu sagen, sich selbst zu schützen, wenn sie sich also nicht mehr als wehrlose Opfer erfahren, stärkt das auch ihre Seele und ihr Selbstbewusstsein. In der Folge treten sie in der Öffentlichkeit anders auf und werden von potenziellen Tätern nicht mehr als Opfer gesehen. Täter suchen sich lieber unsichere Opfer, mit denen haben sie leichtes Spiel. Ein Kind ist immer ein leichtes Opfer, es ist den Erwachsenen vollständig ausgeliefert, was das Verbrechen an Kindern noch abscheulicher macht, sieht man einmal davon ab, dass hier Leben zerstört werden. Nein, es war nicht nur ein Übergriff oder mal eine schlechte Zeit für ein paar

Monate. Daran kaut ein Mensch ein Leben lang, und nicht wenige kennen irgendwann keinen anderen Ausweg mehr als den Suizid. So ist es mir ein wichtiges Anliegen, allen meinen Kindern zu vermitteln: Ihr braucht euch nicht alles gefallen zu lassen, auch wenn ihr klein seid.

Vor Kurzem war eines der Pflegekinder, die im Moment bei mir leben, regelrecht verstört. Das eigentlich fröhliche Mädchen sprach beim Essen kein Wort. Ich wartete eine passende Gelegenheit ab und erfuhr dann, dass ihr in der Schule jemand Gewaltpornos auf dem Handy gezeigt hatte.

»Ich wollte das gar nicht sehen, Mama. Aber er hat es mir einfach vor die Nase gehalten, und alle haben mich angestarrt, weil es ja alle schon gesehen haben, und da habe ich auch hingeschaut, aber das war nicht gut, ich muss immer dran denken. Mir ist noch immer schlecht. Was hätte ich denn tun sollen?«

»Dreh dich um und geh.«

»Aber dann denken doch alle, ich bin ein Schwächling?«

»Nein. Du bist die Stärkste.«

»Aber das wissen die doch nicht.«

»Doch, bestimmt. Aber vielleicht sind sie zu schwach, es zu zeigen. Und wenn eine mal den Mut hat, so etwas zurückzuweisen, dann folgen andere vielleicht.«

»Isabell hat fast gekotzt. Aber sie hat es auch angeschaut. Wenn du dabei gewesen wärst, hättest du ihm das Handy weggenommen.«

»Ich kann nicht immer dabei sein. Aber du kannst dich selbst beschützen. Und mit deiner Freundin Isabell seid ihr schon zu zweit.«

»Aber wie mach ich das?«

»Tu nichts, was du eigentlich nicht willst. Auch nicht mit Jungs. Wenn dich einer so anfasst, wie du es nicht möchtest, sag Nein.«

»Aber ich will keine Zicke sein.«

»Zicken meckern. Du bist eine mutige junge Frau, die gut auf sich aufpasst.«

»Hm. Also … Wenn mich einer wirklich mag … dann würde er ja auch gar nicht wollen, dass ich mich unwohl fühle?«

»Genau. Wenn dich einer wirklich mag, übertritt er deine Grenzen nicht.«

»Und woher weiß ich, wo die sind?«

»Das spürst du.«

»Wie denn?«

»Wenn du dich nicht wohlfühlst.«

»Okay. Ich glaube, ich weiß, was du meinst.«

In einer Gruppe von Kindern gibt es immer welche, die sind stärker als andere, nicht nur körperlich, sondern auch psychisch. Sobald mir auffällt, dass ein schwächeres Kind unterdrückt wird, schreite ich ein. Es ist mir schleierhaft, weshalb Erwachsene so etwas oft nicht mitbekommen. Kinder senden deutliche Signale, doch manchmal habe ich den Eindruck, sie werden gar nicht mehr gehört, weil andere Signale viel wichtiger sind – sogar unter Kindern, die normalerweise ein feines Gespür für Gerechtigkeit haben.

Die Entzauberung
der Kindheit

Manchmal fragt mich jemand, ob ich in fast dreißig Jahren Pflegemutterschaft eine Veränderung bei den Kindern wahrgenommen habe, ob sie heute frecher oder selbstständiger oder anders wären als früher, und wenn ja, wie genau sich das äußert. Darauf kann ich nicht pauschal antworten, denn jedes Kind ist eine eigenständige Persönlichkeit. Dennoch habe ich etwas festgestellt: Das Spielverhalten der Kinder hat sich grundlegend verändert. Meine ersten Pflegekinder konnten sich stundenlang mit selbst erfundenen Spielen oder Puppen und Playmobil beschäftigen. Sie waren völlig versunken in ihr Spiel, kreierten Theaterstücke, führten Tänze auf und sangen. Kurz, sie waren kreativ. Wenn ich heute ein Kind, das bei einem Freund übernachtet hat, frage: Was habt ihr gemacht, war es ein schöner Abend? Dann wissen sie oft gar nicht mehr, was sie unternommen haben. Sie haben auf den Smartphones herumgedaddelt. Was bleibt da hängen? Was erfüllt das Herz? Was verbindet die Kinder, die nichts mehr gemeinsam erfinden, sondern nur noch liken, nicht spielen, sondern wischen?

Manchmal befürchte ich, viele Kinder haben die Fähigkeit zum fantasievollen Spielen verloren. Das halte ich für eine Katastrophe. Denn ich bin davon überzeugt, dass gerade aus dem fantasievollen Spiel die Kreativität erwachsen könnte, die wir so dringend brauchen, vielleicht auch, um unsere schöne Erde zu retten für die nachfolgenden Generationen. Meine Pflegetochter Amira erzählte mir neulich, dass beim vierzehnten Geburtstag ihrer besten Freundin alle Übernachtungskinder bis sechs Uhr morgens wach gewesen seien und Filmchen geschaut hätten am iPad.

»Was für Filmchen?«, fragte ich.

Sie erinnerte sich nicht, natürlich nicht. Ich erinnere mich auch nicht, wenn ich abends mal durchs Fernsehprogramm zappe.

»Verschiedene Sachen«, sagte sie schließlich.

Ich blieb hartnäckig, und da fiel ihr etwas ein: »Einer, der hieß Hitler, und der hat ...«

»Hitler?«

»Ja. Und der hat ... also der hat ... also so Sachen gemacht, also .... so Sex mit Leuten.« Sie wurde rot.

»Hat dir der Abend gefallen?«, fragte ich. Details wollte ich mir ersparen.

Amira verdrehte die Augen. Sie wusste, dass ich ein Nein erwartete. Und das hörte ich dann auch.

»Das ist aber schade«, sagte ich, »das war ja dann ein verschenkter Tag.«

»Eine verschenkte Nacht«, korrigierte sie mich, wirkte nun aber ein bisschen nachdenklich.

Kann man mehr erreichen? Veränderung funktioniert nur mit Einsicht, und die ist schwer zu erlangen, wenn alle anderen bestimmte Dinge machen – »Bloß ich darf nicht!« Zumal Kinder und Jugendliche ja sein wollen wie ihre Referenzgruppe und sich von den Erwachsenen abgrenzen möchten, das gehört zur Pubertät.

Vielleicht sollte ich ab sofort in meiner Freizeit pausenlos auf dem Handy rumdaddeln, vielleicht machen meine Schützlinge das dann aus Protest gerade nicht?

Was für eine schreckliche Perspektive. Da wisch ich lieber den Boden und denk mir dabei etwas Schönes aus.

Vorfreude

Noch ein Unterschied zu früher ist mir aufgefallen: Es gibt weniger Geheimnisse. Die Welt muss nicht mehr erobert werden, es fehlen die Türen, bei denen man durch Schlüssellöcher lugt, das Ohr ans Holz legt und angestrengt versucht, aus den Erwachsenengesprächen schlau zu werden, sich bemüht, das Puzzle der Großen zusammenzusetzen. Die Welt ist ärmer an Schnitzeljagden, man braucht sich keinen Plan zurechtzulegen, wie man Geheimnisse lüften könnte. Freude hat ihre Vorsilbe verloren. Die Kinder haben auf alles jederzeit und überall Zugriff. Sie haben das Staunen verloren. Und die Geduld sowieso. Viele können auf nichts mehr warten, genauso wie ihre nervösen Eltern, alles muss sofort sein und am besten gleichzeitig. Und deswegen sind die Dinge dann nicht mehr viel wert. Sie waren ja gleich verfügbar.

Die Entzauberung der Kindheit macht mich traurig. Die Kleinen bis etwa zehn Jahre können noch spielen, wenn sie nicht durch Computer in ihrer Kreativität gestört werden. Natürlich weiß ich, dass man mit Computern auch kreativ arbeiten kann. Aber bitte später, nicht als junges Schulkind und nicht pausenlos. Es ist leider kein Witz mehr, dass Kinder über alle möglichen Oberflächen wischen, weil sie das nächste Bild sehen wollen. Ihnen fehlt die Erfahrung der Tiefe. Sie konsumieren, anstatt kreativ zu sein, und das fängt früh an. Ich habe wischende Zweijährige in Kinderwägen gesehen und von den Müttern Dreijähriger gehört, dass ihre Kinder Genies seien, weil sie mit dem iPad besser zurechtkämen als die Großen. Und es ist ja auch so praktisch. Es gibt kindgerechte Lernprogramme. Man kann alles steuern, alle Lernschritte des Kindes verfolgen und bei Bedarf das Level erhöhen.

»Aha«, sage ich, während ich an den kleinen Matayo denke. Wie wir stundenlang auf dem Sofa kuschelten und ich mit ihm Bilderbücher anschaute und vorlas: Apfel, Birne, Katze, Maus … Was für ein tolles Leben hätte ich haben können, wenn ich ihn mit einem iPad aufs Sofa gesetzt hätte. Und sicher wären die Programme viel strukturierter als meine ewigen Abschweifungen. »Denn in den Äpfeln, da sind ja Kerne drin, weißt du. Und weißt du auch, dass das eigentlich gar keine Kerne sind, sondern Apfelbäumchen …«

Dieselbe Mutter, die mir erzählt hatte, wie toll die pädagogischen Filme für Kinder wären, berichtete Wochen später, dass ihr Dreijähriger ganz ohne Hilfe jetzt schon andere Filme anschaue, das von ihr eingestellte Programm war ihm zu langweilig. »Ist das nicht Wahnsinn, Frau Pein?«, strahlte sie mich an und erwartete ein Lob von der professionellen Mutter.

»Ja«, sagte ich. »Der totale Wahnsinn.«

Und das sage ich auch bei der Altersfreigabe mancher Filme, die sich in Albträumen niederschlägt. Was muten wir unseren Kindern da zu? Wir machen sie zu Abhängigen von Anerkennung, schlimmstenfalls zu Süchtigen und legen ihnen Steine in die Wiege, die den unmittelbaren Kontakt von Mensch zu Mensch erschweren. Warum schützen wir sie nicht besser? Und uns selbst auch.

Gefangen im Netz

Ich erinnere mich an Zeiten, in denen jene Kinder umworben wurden, die sich interessante Spiele ausdenken konnten. Geschichtenerzähler standen hoch im Kurs. Spielen hieß, sich in die Zeitlosigkeit fallen zu lassen und eine neue Welt zu kreieren, in der es nicht ausschließlich um das Sehen ging. Die Kinder lauschten und fühlten, sie kitzelten und balgten sich und rannten herum und wollten immer nur eins: Raus! In der Wohnung war es ja sooo langweilig. Sie stapften begeistert durch den Wald, warfen Kiesel in den See, lagen auf dem Rücken und betrachteten den Wolkenzoo. Sie pflückten verblühten Löwenzahn, kniffen die Augen zusammen, pusteten und wünschten sich was. Heute wollen die Kinder nicht raus, sondern rein. An den Computer im Haus, ins Netz. Sie sind auch drin, wenn sie draußen sind, und sie glauben, sie wären ganz weit draußen – aber wer keine Wurzeln hat, hebt auch nicht richtig ab.

Gerade für Kinder mit einem schweren Päckchen Schicksal auf dem Rücken ist das Spielen so wichtig, weil sie im Spiel ihre Probleme verarbeiten können – und zwar im Spiel mit anderen, die anwesend sind. Da kommt es mal zu Meinungsverschiedenheiten, man muss sich arrangieren. Oder es wird gestritten – wie verhält man sich da richtig? Ist die beleidigte Leberwurst eine gute Option? Die zwei dicksten Freunde von gestern können sich heute nicht ausstehen. Aber morgen werden sie wieder unzertrennlich sein. So lernen sie Beziehung. Die guten Beziehungen fallen nicht vom Himmel, man muss etwas dafür tun, aufeinander zugehen, Menschen sind lebendig, keine Computer, bei denen man den Kontakt mit dem Off-Knopf abbricht und wieder einschaltet, wenn man Lust hat, und der Computer hat immer Lust. Wo sind meine Grenzen und wo die des anderen? Man muss lernen, mit seinem Neid umzugehen. Man fühlt sich ausgeschlossen und merkt, dass man die Wahl hat zu trotzen oder sich zu integrieren.

Ich glaube nicht, dass all das online gelernt werden kann. Oder nur beschränkt, verzerrt und hässlich durch Mobbing und mit sprachlicher Verrohung. Die Notwendigkeit einer Netiquette zeigt deutlich, dass wir uns in scheinbar anonymer Deckung asozialer verhalten. Die Hürden des Anstands fallen. Man würde einen Menschen wohl kaum so abfällig, niederträchtig, offen aggressiv behandeln, wenn man ihm in die Augen schaute. Aber das muss man ja nicht. Man schießt aus dem Hinterhalt und braucht bloß einmal klicken, und weg ist es. Weg? Nein, es ist da für immer. Und während man sich in einem Gespräch für eine Bemerkung entschuldigen kann: »Es tut mir leid, das ist mir im Eifer des Gefechts rausgerutscht, das habe ich nicht so gemeint«, bleibt ein Kommentar im Netz und vervielfältigt sich genauso wie das Leid des Betroffenen.

Matayo war vierzehn, als die Polizei bei uns klingelte und sein Handy einforderte. In seiner Klasse war ein Schüler auf der Toilette in peinlicher Pose heimlich gefilmt worden, das »Späßchen« wurde geteilt, der Junge konnte vor Scham nicht mehr zur Schule gehen, war lange krank und wechselte dann die Schule, nahm täglich über eine Stunde Fahrt mit S- und U-Bahn in Kauf, um nicht mehr verspottet zu werden. Aber dann holte ihn der alte Film auch an der neuen Schule ein, und seine Eltern befürchteten, er könnte sich etwas antun. Dabei hatten sie alles versucht, ihrem Sohn beizustehen. Sie hatten unmittelbar nach dem Vorfall Anzeige erstattet, und die Polizei wollte nun wissen, welche Schul»kameraden« das Filmchen erhalten hatten und, noch wichtiger, ob sie es weitergeschickt hatten. Während eine Beamtin Matayos Handy untersuchte, hatte ich Herzklopfen. Er war doch nur ein Kind, ein ganz normaler Junge, und wenn das alle machten, wieso sollte ich von ihm erwarten, dass er es nicht machen würde, gerade von ihm, der doch so gern sein wollte wie die anderen.

»Da ist es ja«, sagte die Beamtin, und mir rutschte das Herz in die Hose. Sie kniff die Augen zusammen, nickte, dann gab sie Matayo das Handy zurück. »Du bist der Einzige«, sagte sie zu ihm.

Mir wurde übel. Was würde das für Konsequenzen haben? Würde er am Ende ausgewiesen werden? Ich war völlig durch den Wind. Matayo regte sich gar nicht auf. Ruhig nahm er das Handy entgegen.

Die Beamtin bemerkte meine Verwirrung. »Matayo ist bis jetzt der Einzige, der den Film nicht weitergeleitet hat«, sagte sie. »Ich habe das eben überprüft und den Film außerdem mit Datum nach Erhalt in seinem Papierkorb gefunden.«

»Den wollte ich heute noch löschen«, sagte Matayo und klang nun auch ein wenig erleichtert. »Da habe ich ja Glück gehabt.«

Die Polizistin schüttelte den Kopf. »Wenn wir die Datei nicht gefunden hätten, hätten wir dein Handy mitgenommen. Wir haben unsere Methoden, und die enden nicht bei einem gelöschten Papierkorb.«

Aber ist das Aufgabe der Polizei, Handys von Kindern zu überprüfen? Wo sind die Eltern? Sie klagen, dass ihnen ihre Kinder entgleiten, wie es mir oft zu Ohren kommt. Doch was tun wir dagegen? Es ist sehr bequem, den Kindern ein Smartphone in die Hand zu drücken, wir delegieren unseren Erziehungsauftrag an Vodafon, Facebook, Google und Co.

Ich habe einmal eine beeindruckende Kampagne für mehr Aufmerksamkeit seitens der Eltern gesehen, darin wird folgendes Szenario gezeigt:

Es klingelt an einer Tür, eine Frau öffnet, davor stehen üble Gestalten mit Kampfhund und fragen: »Ist Ihr Sohn da?«

»Ja, er ist in seinem Zimmer«, sagt die Frau und lässt die Männer herein.

Wieder klingelt es. Angehörige des Rotlicht-Milieus begehren Einlass. Auch sie werden hereingebeten und gehen in das Zimmer des Kindes. Schließlich stürmt ein schwer bewaffneter Mann im Kampfanzug um sich schießend das Haus. Ihm weist die Mutter ebenfalls den Weg ins Zimmer ihres Sohnes. Zum Schluss kommt noch ein netter Onkel, der nimmt die kleine Schwester dann gleich mit. Cut. Weiße Schrift auf schwarzem Grund: »Im wirklichen Leben würden Sie Ihre Kinder schützen. ... Dann machen Sie es doch auch im Internet.«

Das Handygesetz

Was lernen die Kinder von uns? Papa liest eine Gutenachtgeschichte vor, nach vier Sätzen bekommt er eine Mail von seiner Chefin und bricht ab: »Tut mir leid, Kinder, ich muss noch was erledigen.« Nein, er sagt: »noch schnell«. Er muss noch schnell etwas erledigen. Alles wird noch schnell erledigt, und als er zurück ins Kinderzimmer kommt, schlafen die Kinder. Die sagen auch dauernd schnell. *Papa, nur noch schnell ...* Alles muss ganz schnell gehen und husch-husch weiter zum Nächsten, bloß nichts versäumen und alles gleichzeitig. Mama ist im Kindergartenchat, und dort werden pro Tag mehrere Hundert Nachrichten verschickt. Wer nicht fleißig kommentiert, interessiert sich wohl nicht für sein Kind? Wo Mama und Papa sich aufhalten, ist auch ihr Smartphone. Ständig laufen neue Nachrichten ein, und sie schauen immer drauf. Das Kind aber soll sein Handy nicht so oft benutzen, schon gar nicht beim Essen. Irgendwann sagt das Kind: »Du machst das doch auch.«

»Ja, aber ich bin groß«, sagt ein Elternteil und hört selbst, dass das ein schwaches Argument ist, zumal er oder sie gern eine digitale Diät machen würde. Aber es geht nicht. Man will ja kein Außenseiter sein. Vielleicht würde es den Eltern leichter fallen, wenn sie sich ihre Vorbildfunktion bewusst machen würden. Wir alle sollten einmal unsere Werte überdenken. Wir stellen Kinder vor Computern und Fernsehern ab, damit wir unsere Ruhe haben. Haben wir sie deswegen in die Welt gesetzt?

Wo bereitet es uns selbst Probleme, Grenzen zu setzen? Bei welchen Aktivitäten könnten wir uns zeitlich einschränken, um auch mehr Zeit für unsere Kinder zu verbringen? So könnten unsere Kinder von uns lernen, wie sie Grenzen setzen und Zeit ohne Smartphones verbringen.

Manchmal fahre ich meine Kinder zur Schule. Ich sehe dort keine Kinder mehr, die vor dem Unterricht Seilspringen oder Gummitwisten und Fußball spielen. Ich höre auch kein Lachen, Kreischen, keiner ruft, und niemand spielt Fangen. Es ist sehr still. Aufgereiht wie die

Hühner hocken die Kinder an Mauern gelehnt, jeder starrt auf sein Kästchen, und hin und wieder sagt vielleicht jemand zu seinem Nachbarn: »Ich hab dir gerade was geschickt.« Und ein anderer bittet: »Kannst du mir das weiterleiten?«

Und wenn ich diese Beobachtung nicht nur leise denke, sondern laut ausspreche, schmunzelt eine junge Mutter und erklärt mir: »Das ist eben heute so.« Aber beim nächsten Mal erzählt sie mir, dass sie kaum mehr Kontakt zu ihrer Tochter findet. »Haben Sie einen Tipp für mich?«

»Ja«, sage ich. »Handy weg.«

Sie lacht auf. »Wie soll denn das gehen?« Dabei schaut sie mich an, als wär ich von einem anderen Stern. Sie hat recht. Ich bin die Marsmama. Auf meinem Planeten herrscht ein strenges Handygesetz:

Kinder unter 14 bekommen kein eigenes Handy.

Wenn sie eines haben, dürfen sie es nur zu Hause zeitlich begrenzt benutzen, nicht mitnehmen.

Alle Kinder ab zehn Jahren dürfen täglich eine halbe Stunde an den Computer, der für alle zugänglich im Wohnzimmer steht. Meine Kinder haben herausgefunden, dass es besser ist, wenn sie sich einigen und etwas gemeinsam ansehen, so schmeißen sie ihre halben Stunden zusammen. Alle miteinander teilen sich einen Computer, einen Laptop und einen Fernseher. Alle Geräte sind an festen Standorten verwurzelt und können nicht in die Kinderzimmer entführt werden.

Wenn ich das auf Elternabenden erzähle, schauen mich alle großäugig an, und ich lese die Gedanken mancher: Die alte Schachtel. Null Durchblick. Total von gestern. Hin und wieder fragt mich jemand: »Wie soll das denn funktionieren? Mein Sohn, meine Tochter würde rebellieren!« – »Das tun meine auch«, antworte ich wahrheitsgemäß. »Aber so sind die Regeln.«

Vielleicht habe ich es ein bisschen einfacher, weil hinter mir eine Instanz steht. Ich kann sagen: »Wenn du dich länger mit deinem Handy beschäftigen möchtest, bist du hier in der falschen Pflegefamilie. Du kannst beim Jugendamt anrufen und fragen, ob du in eine Handypflegefamilie wechseln kannst. Unsere ist eine Kinderpflegefamilie, und hier stehen die Interessen der Kinder im Vordergrund, nicht die der Handys.«

»Aber ein Handy hat doch gar keine Interessen!«, antwortete mir daraufhin Samuel, der erst seit vier Tagen und nur für etwa acht Wochen bei mir war, bis seine Mutter, die einen schweren Autounfall gehabt hatte, aus der Reha kam.

»Sehr wohl hat ein Handy Interessen«, hielt ich dem Zwölfjährigen entgegen. »Vor allem die seiner Betreiber.«

»Ich bin der Betreiber!«, konterte er.

Nach einer einstündigen Diskussion hatte nicht nur Samuel eine Menge gelernt, sondern ich auch. Beim Abendessen eröffnete er der Runde: »Ich mache hier Offline-Urlaub. Aber ihr tut mir echt leid. Ihr habt die Hölle für immer.«

Da geschah ein Wunder. Amira, die am meisten unter der Handy-Diät litt, verteidigte sie leidenschaftlich. Die beiden lieferten sich ein explosives Rededuell. Die meisten von Amiras Argumenten kamen mir nur zu bekannt vor. Ich schmunzelte in mich hinein. Doch beim Zubettgehen vertraute Amira mir an: »Mama, das war nur wegen Samuel. Nicht, dass du denkst, ich bin mit den Regeln jetzt einverstanden. Die sind nämlich kinderfeindlich!«

»Ja, das glaube ich auch«, verblüffte ich sie. »Am besten wär, es gäbe gar keine Handys!«

Entgeistert starrte sie mich an. Aber sie kannte mich nun schon so lang, seit ihrem zweiten Lebensjahr, und wusste, wann ich scherzte. Mit gespieltem Wutgeheul stürzte sie auf mich zu und wusste genau, wo ich kitzlig bin.

Letztlich glaube ich, dass mein eigenes Verhalten den Ausschlag gibt, ob die Kinder sich an die von mir aufgestellten Regeln halten. Ich habe festgestellt, dass ich den Kontakt zu meinen Schützlingen verliere, wenn sie ständig im Netz sind. Ich bin dann leichter genervt, sie werden lauter, aggressiver, sie spielen weniger, sie wirken ungeduldig, die Konzentration lässt nach. Das alles gefällt mir nicht. Ich möchte mich in meinem Zuhause wohlfühlen und Sachen machen, die mir und den Kindern Freude bereiten. Ich möchte nicht, dass jedes Kind allein in seinem Zimmer hockt und auf den Minibildschirm starrt. Da fühle ich mich unwohl. Und dann bin ich keine ausgeglichene Pflegemutter mehr. Deshalb ist es für unser schönes Miteinander nötig, dass ich den Umgang beschränke. Was ja nicht heißt, dass ich nicht auch die guten Seiten an der neuen Technik sehe. So freue ich mich sehr über meine WhatsApp-Gruppe, über die ich mit allen meinen ausgezogenen Pflegekindern und der Familie in Kontakt bin und schnell Nachrichten versenden kann. Wenn ich alle anrufen müsste, um eine Neuigkeit zu berichten, käme ich ja nicht mehr zu meinem Haushalt.

Um ein schönes Miteinander zu gewährleisten, muss es den einzelnen Mitgliedern einer Gruppe gut gehen. Auch der Pflegemutter. Die Kinder merken, dass ich ihnen gewisse Dinge nicht verbiete, um meine Macht zu zeigen oder sie damit zu bestrafen oder aus Prinzip etwas einzufordern, sondern weil es mir um ein gutes Miteinander geht.

Bei Melli, sie liebt Pferde, habe ich einmal einen drastischen Vergleich gewählt, um ihr meine Abneigung gegen die ständige Handy-Daddelei zu erklären. Seither kommt es mir so vor, als hätte sie ein bisschen mehr Verständnis für meine Position. Ich fragte sie, wie das für sie wäre, wenn sie bei einem Pferdemetzger arbeiten müsste.

»Schrecklich! Das würde ich nie tun!«

»Und ich liebe euch Kinder.«

»Aber Mama! Du schlachtest uns doch nicht!« Melli riss die Augen auf.

»Nein. Aber die Handys sind wie Vampire. Sie saugen euch das Blut aus. Und das kann ich nicht mitansehen.«

Melli wurde nachdenklich. Schließlich sagte sie: »Ich glaub, jetzt weiß ich, was du meinst.«

Was aber wäre, wenn ich als handyaffine Mutter vier, fünf, sechs Stunden täglich mit dem Gerät beschäftigt wäre? Dann müsste ich eine andere Strategie finden. Ich glaube trotzdem, dass Erziehung am meisten fruchtet, indem wir selbst ein gutes Vorbild sind, und zwar nicht nur im Umgang mit den Medien.

Wie gut meine Regeln funktionieren, erlebte ich neulich, als ich selbst sehr viel mit dem Handy telefonieren musste, weil das Festnetz gestört war. Da baute sich mein Dreijähriger vor mir auf und teilte mir mit strengem Gesichtsausdruck mit: Hände weg vom Handy!

Ich folgte sofort, und wir bauten einen großen Duplo-Turm miteinander. Garantiert ohne Funkmasten!

Meine Kinder sind ein Spiegel für mich. Wenn sie sich auffällig verhalten, schaue ich zuerst einmal bei mir selbst nach, bevor ich sie maßregle. Plötzlich ist ihr Ton ruppiger. Ich beobachte mich und stelle fest, dass auch ich Bitte und Danke öfter eingespart habe. Ich ändere das. Meine Kinder werden freundlicher. Vor Urlauben oder Weihnachten geht es oft hoch her. Eine geradezu explosive Stimmung herrscht im Haus, es wird gern mal rumgeschrien. Kein Wunder, hat die Pflegemutter doch da Hochsaison. In solchen Fällen verordne ich uns eine Flüsterwoche. Ich spreche sehr leise oder flüstere. Das führt automatisch dazu, dass die Kinder leiser werden, und irgendwann flüstern wir alle, und die Kinder sind begeistert von dem tollen Spiel. Ich habe auch schon Höflichkeitswochen veranstaltet oder einen Wettbewerb daraus gemacht, wer am besten im Haushalt mithilft.

Das Geheimnis liegt darin, den Kindern nichts zu verbieten und ihnen nichts zu befehlen, sondern ihnen das Mitmachen attraktiv zu verkaufen. Wir sind miteinander, nicht gegeneinander, und das macht mir allemal mehr Spaß, als sie anzublaffen. Vielleicht ist bei aller Belastung manches leichter für mich, weil wir eine Art Schicksalsgemeinschaft sind. Das ist den Kindern durchaus bewusst, und womöglich lassen sich zumindest die Älteren nicht so gehen, wie ich es oft von anderen Familien höre. Meine Kinder kennen die übergeordnete Instanz des Jugendamtes, das letztlich über ihren Verbleib bestimmt. Unsere Bindung ist nicht unauflösbar wie die zu leiblichen Eltern. Das hat viele Nachteile, aber auch ein paar Vorteile, und ein respektvoller Umgang gehört dazu. Die lockerere Bindung kann aber natürlich auch dazu führen, dass ein Kind die Sau rauslässt oder ein sehr schlechtes Betragen an den Tag legt – auch davon werde ich später noch berichten.

In der Fastenzeit zwischen Fasching und Ostern gibt es immer ein Extra. Wir schnallen den Gürtel bei Schimpfwörtern enger oder sparen Neckereien oder fasten beim Schminken – unter Protest, das muss ich zugeben, denn meine Mädchen finden sich leider nicht so schön, wie sie es für mich sind. Fernseh-Fasten habe ich noch nie initiiert, denn die wenige Zeit, die wir gemeinsam vor dem Bildschirm verbringen, genießen wir alle sehr. Von Montag bis Donnerstag wird nicht ferngesehen, außer in den Ferien bei schlechtem Wetter und wenn andere Sachen gut gelaufen sind – Stichwort Beteiligung am Haushalt. Freitags gibt es um 19.30 Uhr auf *Kika* einen Film. Kein Zeichentrick, sondern schöne Geschichten wie zum Beispiel die von Knerten: Der sechsjährige Lillebror zieht mit seinen Eltern aufs Land. Dort findet er weit und breit keine Spielgefährten, bis er Knerten entdeckt, einen vom Baum gefallenen Ast, der sprechen kann. Das ist der Beginn einer ungewöhnlichen Freundschaft, und die beiden erleben viele Abenteuer.

Wenn am Samstag das Duell *Klein gegen Groß* läuft, sind wir natürlich mit von der Partie. Ich lasse die Kinder nicht allein gucken, sondern bin dabei, und so wird das Zusehen zu einem Gemeinschaftserlebnis. Wir überlegen, ob wir mitmachen könnten und womit, es wird geturnt, und die Daumen werden gedrückt … Es ist ein bisschen wie früher bei den Samstagabendsendungen *Wetten, dass …?* mit Thomas Gottschalk; *Am laufenden Band* mit Rudi Carrell – ein Familientermin. Fernsehen ist nichts Alltägliches für meine Kinder, man freut sich darauf, vielleicht wie die Erwachsenen auf den Kinobesuch. Je nach Wetter lockere ich die Regeln manchmal. Und wir haben es auch schon mal krachen lassen: Acht Stunden *Herr der Ringe* im Kino mit Picknickkorb. Aber das sind Ausnahmen, und als solche leuchten sie noch lang in der Erinnerung. Filme konsumieren bleibt nicht haften. Ist das Leben nicht zu schade, um nur zu konsumieren?

Ein Verbot allein führt zu Protest. Besser ist es, ein Alternativangebot zu machen: Wir gehen raus und bauen einen Schneemann. Das erfordert natürlich mehr Einsatz von mir, als wenn ich die Kinder der Glotze überlassen würde. Aber ich selbst hab auch mehr davon. Außerdem bin ich nicht dazu auf der Welt, um meine Ruhe zu haben!

Die geschrumpfte Kindheit

So wie die Zeit mit zunehmendem Alter immer schneller zu vergehen scheint, habe ich den Eindruck, die Kindheit sei kürzer geworden – und andererseits länger. Was Verantwortungsbewusstsein und Selbstständigkeit betrifft, stecken viele Achtzehnjährige noch in den Kinderschuhen. Doch Stress kennen sie oft ab der dritten Klasse, wenn der Wettlauf aufs Gymnasium beginnt. Jedes Kind soll idealerweise studieren, egal ob es dafür geeignet ist oder nicht. Es zählt nicht seine Selbstverwirklichung, seine Lebenszufriedenheit, sondern das spätere Einkommen. Aber wenn jemand als Tierpfleger, als Friseurin, als Krankenschwester, als Gärtner glücklicher ist? Ich höre dann immer den Einwand: »Aber ich möchte doch, dass es meine Kinder einmal besser haben. Dass sie gut versorgt sind.«

Ja, das möchte ich auch. Doch meine Priorität wäre nicht ihr Bank-, sondern ihr Seelenkonto. Kinder sind nun mal nicht gleich, jeder Mensch ist anders. Das sehe ich auch an ihrem Spielverhalten. Die einen beschäftigen sich bis vierzehn mit Puppen, andere wollen ab zehn nichts mehr davon wissen. Ich bin davon überzeugt, dass sich Kinder das Spielzeug suchen, das ihnen gerade am wohlsten tut. Ich käme nie auf die Idee, einem Kind das Puppenspielen auszureden, weil es zu alt dafür wäre. Gerade Puppen sind großartig, weil die Kinder mit ihnen in verschiedene Rollen schlüpfen und sehr viel lernen können. Und wenn ich die eine oder andere Szene mitbekomme, erfahre ich auch etwas darüber, wie es dem Kind gerade geht. Genauso ist es mit seinen Zeichnungen. Ich begutachte sie nicht pädagogisch, doch wenn ein Kind nur dunkle Farben benutzt oder sich selbst immer sehr dünn und klein darstellt, dann reime ich mir da schon etwas zusammen, was ja meistens auch seinem Verhalten entspricht. »Wollen wir mal zusammen malen?«, frage ich und hole die Wasserfarben, und manchmal braucht es nur ein wenig Anleitung, dann wagt das Kind das Abenteuer, den Pinsel ins Rot zu drücken und ins Blau, und ich könnte schwören, dass es sich nach so einem bunten Bild ein bisschen besser fühlt.

Gewiss, manche Eltern können diese Zeit im Alltag nicht aufbringen. Aber warum eigentlich nicht? Wir haben unsere Kinder doch auf die Welt gebracht, um möglichst intensiv mit ihnen zu leben. Zugegeben, es kostet Überwindung, nach einem anstrengenden Job nicht die Glotze anzuschalten, sondern noch etwas mit dem Kind zu machen. Aber es schenkt auch Kraft, und danach fühlt man sich meistens besser als davor. Was mich betrifft, muss ich mich gar nicht überwinden, denn das ist ja meine Aufgabe als Vollzeitmutter. Viele Bilder meiner Kinder habe ich auch aufgehoben. Um in Kinderzeichnungen lesen zu können, benötigt man keine jahrelange Ausbildung. Vieles erschließt sich ganz einfach: mit einem offenen Herzen.

Ich glaube, dass ein Großer jedes Kind verstehen kann, wenn er sich Zeit nimmt und es mit Liebe betrachtet. Außerdem stecken in uns allen Kinder. Wie weit sind wir selbst davon entfernt? Die eigene Kindheit ist eine wunderbare Ressource, eine Brücke in die Welt unserer Kinder. Wir sollten öfter drüberlaufen und sie instand halten, falls sie nur ein schadhafter Steg mit fehlenden Planken ist.

Kinder, die zu mir kommen, mussten oft viel zu schnell erwachsen werden. Sie haben Dinge erlebt, die sie nicht verarbeiten können, sie hatten keine schöne Zeit. Doch in einem Kind steckt immer eine Glut, und die kann man entfachen und den Kindern ihre Kindheit zurückgeben. Übrigens nicht nur den Kindern, auch Große machen dann plötzlich mit Begeisterung mit. Ich selbst bin in unserem Rudel die Größte, und ich kann bis heute nicht genug vom Zauber der Kindheit bekommen. Ich glaube nicht, dass das naiv oder unreif ist. Der Kindheit wohnt ein Zauber inne, den wir hüten sollten wie einen kostbaren Schatz. Nicht nur, um unsere Kinder besser zu verstehen, sondern auch, um selbst mehr Lebensqualität zu erfahren. Der Blick von Kindern ist eine Bereicherung, und außerdem bringen sie so viel Freude ins Haus.

So wie unser »Milchbubi« Robin. Er kam als Zweijähriger zu uns und tat sich schwer damit, Wörter zu lernen, bis er sich in eines verliebte, nämlich in das Wort »Milch«. Das nahm er gleich als Synonym für Flüssigkeit und badete voller Wonne darin. Er stand in einer Regenpfütze, streckte die Arme zum Himmel, hob sein Gesicht den Tropfen entgegen, die Augen zusammengekniffen, und jubelte voller Begeisterung: »Milch! Milch!« Auch seine ersten Schwimmversuche mit Flügelchen unternahm er in »Milch«. Muss ich erwähnen, dass wir alle eine Weile nur noch »Milch« tranken und unsere Schirme bei »Milch« aufspannten? Ein anderer Junge blieb uns auch lange im Gedächtnis, wir nannten ihn Professor, weil irgendein Kind gemeint hatte, dass er wegen seiner Brille so aussehen würde. Der Professor nahm es ganz genau, und im Gegensatz zu Robin war sein Wortschatz für ein Kind seines Alters enorm, und er setzte ihn wohlüberlegt ein. Doch heimischer fühlte er sich mit Zahlen. Wenn man ihn fragte: »Wie hat es dir geschmeckt?«, legte er den Kopf schräg, dachte einen Moment nach und sagte dann etwas wie: »Von einhundert möglichen Prozentpunkten waren das einhundertvierzig.«

»Hast du dein Zimmer aufgeräumt?«

»Von einhundert möglichen Prozent zu dreißig.«

»Dann geh mal los und mach die hundert voll.«

»Das ist unwahrscheinlich.«

»Wie viel glaubst du, dass machbar wären?«

»Eventuell sechzig.«

»Wenn es keine neunzig werden, ist deine Pflegemutter zu hundert Prozent unzufrieden.«

Der Professor kam später in eine andere Pflegefamilie, weil ich ihn nur kurz in Bereitschaftspflege beherbergen konnte, seine Prozentsätze hielten wir noch lang in Ehren.

Kinder brauchen Sicherheit:
Ela

»Wir haben gerade ein achtjähriges afghanisches Mädchen in Obhut genommen, das heute Morgen in der Schule zu seiner Lehrerin gesagt hat, dass es nicht mehr zurück nach Hause will. Ela lebt mit ihrem zwanzigjährigen Bruder und seiner gleichaltrigen Frau in einer Flüchtlingsunterkunft. Da muss irgendetwas vorgefallen sein, aber wir wissen noch nicht, was. Die Lehrerin hat die Schulpsychologin verständigt und diese uns.«

»Das ist aber ungewöhnlich, dass ein achtjähriges Flüchtlingskind um Schutz bittet«, dachte ich laut.

»Genauso sehen wir das auch, und deshalb haben wir sofort reagiert. Wir halten es für dringend abklärungsbedürftig, wenn sich ein Kind aus einer Unterkunft von sich aus bei den deutschen Behörden meldet. Noch dazu in diesem Alter.«

»Ja«, sagte ich, wenngleich ich dachte, dass einem Kind, das sich seiner Lehrerin anvertraut, nicht bewusst ist, was es damit bewirken kann. Ich fragte: »Ela spricht Deutsch?«

»Sogar sehr gut.«

»Seit wann ist sie in Deutschland?«

»Seit vier, fünf Monaten. Aber in diesem Alter lernen die Kinder ja schnell, wie Sie wissen, Frau Pein.«

Ja, natürlich wusste ich das. Während ich in meinen ersten Jahren als Pflegemutter vor allem deutsche Kinder betreut hatte, kamen nun immer mehr Kinder aus fernen Ländern zu mir, und einige von ihnen waren nach Deutschland geflohen, auch unbegleitet und über das Meer. Bisher hatte ich Kinder aus dem Iran, Afghanistan, Jamaika, Nigeria, Palästina, Italien, der Türkei und, unvergessen, Wu-Lin aus China aufgenommen. Diese Kinder brauchen oft mehr Betreuung als deutsche, weil es Verständigungsprobleme gibt. Gewiss, auch mit einem dreijährigen deutschen Kind kann ich mich nicht unterhalten, doch ich kann bestimmte Dinge leichter erfahren, die mir helfen, ihm Geborgenheit zu vermitteln. Mit drei Jahren wissen Kinder meistens, was sie mögen und was nicht, und sie können Fragen stellen und Antworten verstehen. Wenn ein Kind kaum Deutsch spricht, ist das schwierig. Und natürlich ist auch die Kommunikation mit dessen Eltern kompliziert, die vielleicht Angst haben, dass man ihnen ihr Kind entfremdet. Wie soll ich meine guten Absichten darlegen, wenn bei den Eltern keine Deutsch-, Englisch- oder Italienischkenntnisse vorhanden sind?

Essensgewohnheiten spielen bei einem Kind aus dem Ausland eine große Rolle. Wenn ein Kind an Reisbrei gewöhnt ist, kommt es nicht so gut mit Brot klar. Essen ist für diese Kinder aber sehr wichtig. Es macht den Bauch warm und erfüllt sie mit einem geborgenen Gefühl. Durch meine Pflegekinder habe ich viele neue Gerichte kennengelernt und mich zu Experimenten inspirieren lassen, doch sie müssen mir erzählen können, was ihnen schmeckt.

Damit sich ein Kind gut aufgehoben fühlt, braucht es nicht unbedingt Wörter. Die universelle Sprache des Herzens wird in allen Ländern der Welt verstanden. Würde das auch bei Ela aus Afghanistan so sein? Was brachte das kleine Mädchen an großem Schicksal mit? Wie schwer war sein Rucksack, den es auf der Flucht getragen hatte, und wie viel davon schleppte das Kind jetzt noch mit sich herum?

Die vier Schwestern

Ela war ein zartes, sehr hübsches Mädchen mit dichtem, dunklem Haar und großen Augen, und ich hatte gleich das Gefühl, dass diese Augen für ihr Alter zu viel gesehen hatten. Bei der Begrüßung reichte sie mir die Hand und machte einen Knicks. So etwas hatte ich lange nicht mehr erlebt. Später sollte ich erfahren, dass irgendjemand auf der Flucht, der vor vielen Jahren einmal in Deutschland gewesen war, ihr das geraten hatte. Ganz entfernt erinnerte ich mich auch noch an diese Kinderdressur in den 1960er-Jahren. Nachdem ich gehört hatte, dass Ela wirklich sehr gut Deutsch sprach, sagte ich ihr, wo sie gelandet war. »Wir sind eine Familie mit mehreren Kindern, die zurzeit nicht bei ihren leiblichen Eltern leben.«

Ela nickte. »Das habe ich schon gehört. Kann ich weiter zur Schule gehen?«

»Nein, das klappt leider nicht, weil deine Schule zu weit weg ist.«

»Aber ich muss zur Schule! Ich muss lernen!«

Da stand Amira in der Tür. »Ich kann mit dir lernen.«

»Das ist Amira«, sagte ich. »Sie ist ein Jahr älter als du.«

»In welcher Klasse bist du?«, fragte Ela.

»In der zweiten.«

»Ich auch«, strahlte Ela.

»Dann können wir ja zusammen üben.«

»Danke, das freut mich«, sagte Ela. »Können wir gleich anfangen? Ich habe ja heute den Unterricht versäumt.« Fragend schaute sie mich an.

»Jetzt zeige ich dir erst mal alles«, sagte ich. »Dann könnt ihr die Köpfe zusammenstecken. Hast du eigentlich Hunger, Ela?«

»Was gibt es hier?«

»Was isst du denn gern?«

»Bitte kein Schweinefleisch, wenn möglich.«

»Ich esse gar kein Fleisch, weil ich nämlich Tiere so lieb habe«, sagte Amira. »Magst du Tiere auch?«

»Ja.«

»Du kannst mit mir in meinem Zimmer wohnen, so lang du da bist«, bot Amira an, wie wir es besprochen hatten, falls sie das neue Mädchen sympathisch finden würde.

»Und wie lange bin ich da?«, fragte Ela.

»Das wissen wir noch nicht«, sagte ich. »Die Dame vom Jugendamt, die du bereits kennengelernt hast, muss noch einiges klären. Denn du bist ja nicht allein hier, du hast ja Familie dabei, richtig?«

Elas offener, neugieriger Gesichtsausdruck zog sich zu einer kummervollen Miene zusammen. »Da kann ich nicht mehr hin.«

Amira griff nach Elas Hand. »Jetzt komm mit. Ich zeig dir alles. Ich kann dir auch was zum Anziehen leihen. Nur nicht meinen grünen Pullover.«

»Grün mag ich gar nicht.«

Ich schmunzelte. Dann stand dieser Freundschaft ja nichts im Weg. Eine halbe Stunde später kamen die beiden ins Wohnzimmer und wirkten schon recht vertraut miteinander. Es begeistert mich immer wieder, wie

schnell das bei Kindern geht. Sie haben so wenig Vor-
behalte und Vorurteile.

In der Küche flüsterte Amira mir zu: »Mama, die muss
dableiben. Die kann auf keinen Fall zurück.« Offenbar
wusste mein Pflegekind mehr als das Jugendamt.

Ela stand vor dem großen Bücherregal. Ihre Augen
glänzten. »So viele Bücher«, sagte sie andächtig und
strich ehrfürchtig über ein paar Buchrücken. »Hast du
die alle gelesen?«

»Zum Teil«, hielt Amira sich bedeckt, der das Lesen
nicht leichtfiel. Wir übten jeden Tag.

»Ich liebe lesen!«, rief Ela. »Wenn ich einmal groß bin,
will ich auch ganz viele Bücher haben! Darf ich mir ein
Buch aus dem Regal nehmen?«

Kurz darauf saßen die Mädchen gut versorgt mit fri-
schem Obst auf der Couch, und Ela hatte die tolle Idee,
dass sie abwechselnd einen Satz lesen könnten. So wie in
der Schule. Denn es war ja eine Unterrichtsstunde aus-
gefallen. Die arme Amira, so hatte sie sich das wahrscheinlich nicht vorgestellt, doch sie strengte sich an –
und las sie nicht sogar ein bisschen flüssiger, als wenn
ich neben ihr saß?

Ich rief in der Buchhandlung an und bestellte ein afghanisches Kochbuch. Alle meine Kinder liebten Fladenbrot
und Couscous. Und Ela strahlte. Sie lebte sich so gut bei
uns ein, dass der Schatten der Flucht manchmal nicht
mehr zu spüren war. Nur in ihrem Blick konnte ich ihn
immer wahrnehmen. Da hing ein Trauerschleier, und
das war nicht verwunderlich nach allem, was das kleine
Mädchen hatte erleben müssen:

Elas Vater hatte einen Elektroladen in Kabul gehabt.
Ihre Familie war mutmaßlich wohlhabend, denn im

Haushalt kam ein Staubsauger zum Einsatz. Elas Vater war in seiner Jugend einmal in Deutschland gewesen, vielleicht zum Studium? Jedenfalls hatte er Ela bereits in Kabul in deutscher Sprache unterrichtet und das intensiviert, als die Familie sich zur Flucht entschloss, weil eine Bombe im Schulhof sieben Kinder getötet hatte, eines direkt neben Ela, und das hatte »nur noch einen Arm, und das Blut schoss wie Wasser aus ihr«, so erzählte sie es. Ela hatte drei Schwestern und zwei Brüder. Ihre zwei älteren Schwestern waren taubstumm, und so war Ela von klein auf daran gewöhnt, sich um die beiden zu kümmern.

Zu Fuß floh die Familie von Kabul über den Iran bis in die Türkei. Die kleinste Schwester, gerade einmal zwei Jahre alt, erkrankte schwer und starb in den Armen ihrer Mutter irgendwo im Niemandsland. Sie begruben sie unter Steinen. Später fuhren sie zwei Tage mit dem Bus. Sie hatten kein Wasser und litten unter großem Durst. Nachts versteckten sie sich in einem Waldstück, und es war sehr kalt. »So kalt«, zeigte Ela und schlotterte am ganzen Leib. Dann geriet der Bus in eine Polizeikontrolle, und alle mussten aussteigen. Doch eine Schwester schlief hinten im Bus, und weil sie taubstumm war, hörte sie das Brüllen der Männer nicht und blieb im Bus. Als die Fahrgäste nach einer Stunde wieder einsteigen durften, war die Schwester weg. Alle suchten sie, doch sie blieb verschwunden, und die Polizisten sagten dem Vater, dass sie seine Familie erschießen würden, wenn sie nicht alle sofort in den Bus steigen und wegfahren würden. Ela hob den ausgestreckten Arm und krümmte den Zeigefinger: »So haben die Männer gemacht.«

Also fuhr die Familie ohne die Schwester weiter. Von

der Türkei aus floh die Familie mit einem Boot nach Griechenland. Auf dem Meer verlor Ela ihren kleinen Bruder und die Eltern, die geflohen waren, um ihre Kinder zu retten, damit ihr drittes von sechs Kindern. Elas Mutter wollte sich dem Sohn hinterherstürzen. »Mein Papa hat meine Mama an den Füßen festgehalten und ins Boot gezogen. Mein Bruder konnte nicht schwimmen. Sie haben ihn in das andere Boot gestopft. Jemand hat seine Weste gestohlen. Es war sein sechster Geburtstag. Beim Losfahren hat mein Papa gesagt, das ist ein gutes Zeichen. Auf dem Boot hat er geweint. Mein Papa weint nie!«

Bei der Ankunft wurde die Familie getrennt – auf der einen Seite die Eltern und Elas verbliebene große Schwester, auf der anderen Ela und ihr Bruder mit seiner Frau. Tagelang liefen sie, hungerten, froren, waren verzweifelt. Kurz vor der deutschen Grenze stiegen sie in das Auto eines Schleusers und wurden in die Nähe von München gefahren. Elas Eltern waren mittlerweile in Griechenland aufgegriffen und zurück in die Türkei in ein Lager gebracht worden. Es war sehr unwahrscheinlich, dass die Eltern mit der Schwester nach Deutschland kommen könnten.

So blieb Ela nur ihr Bruder, mit ihm und seiner Frau teilte sie in einer Flüchtlingshalle ein paar Quadratmeter, die durch Vorhänge von den Nachbarn getrennt waren. Nachts im Stockbett überfielen Ela schlimme Träume. Sie hörte die Männer im Bus brüllen, sie sah ihre älteste Schwester im Blut und wie ihr kleiner Bruder im Meer versank mit weit aufgerissenen Augen. Und sie sah ihre kleinste Schwester in den Armen der Mutter, starr wie eine Puppe und stumm wie eine Puppe. An ihrer statt schrie Ela. Das nervte die Nachbarn. Sie beschwerten sich beim Bruder, er solle gefälligst dafür sorgen, dass seine Schwester nachts leise sei. Das wollte Ela auch. Sie gab sich die größte Mühe. Sie flehte, sie betete, sie schwor es sich. Doch wieder schüttelte sie ihr Bruder wach, weil sie geschrien und geweint hatte. Und eines Nachts gab ihr der Bruder eine Ohrfeige. Da begriff Ela, dass sie hier nicht mehr erwünscht war. Der Bruder wollte sie nicht mehr bei sich haben. Es war wichtig, dass die Nachbarn gut miteinander auskamen. Ela war ein Problem beziehungsweise das, was in der Nacht von ihr Besitz ergriff. Sie musste weg, wenigstens in der Nacht. Ela brauchte einen anderen Platz zum Schlafen, das war es, worum sie ihre Lehrerin hatte bitten wollen. Sie brauchte einen Platz, wo sie schreien und weinen durfte, weil sie das nicht kontrollieren konnte. »Ich habe es nicht gut gemacht. Ich habe meinem Bruder ein Problem gemacht und die Nachbarn aufgeweckt.«

Bei einer Anhörung vor Gericht begegnete Ela ihrem Bruder und dessen Frau und freute sich sehr, die beiden zu sehen. Ich konnte keine Angst an ihr feststellen. Nach ein paar Wochen Aufenthalt hatte sich eine kleine Speckschicht um ihre Seele gebildet, und auch der Bruder und seine Frau freuten sich sehr, Ela in die Arme schließen zu dürfen. Sie gehörten zusammen, und das sah auch die Familienrichterin so. Ela wurde befragt, obwohl Kinder erst ab zwölf Jahren ein Mitspracherecht haben. Ja, sie wollte gern zurück. Ein Schwall afghanischer Worte folgte, und die Übersetzerin dolmetschte: »Sie hat ihrem Bruder gesagt, dass die Frau, bei der sie gewohnt hat, gesagt hat, dass sie nicht geschrien hat in der Nacht und nicht geweint und niemanden aufgeweckt hat.«

Und der Bruder sagte Ela, dass sie bald in eine Wohnung ziehen könnten, und da wäre alles besser, und wenn seine Schwester weinen würde, könnte sie zu ihm ins Bett kommen, nie wieder würde er sie schlagen, das verspreche er, und nie im Leben wolle er sie noch einmal verlieren, sie sei doch seine einzige Schwester, die ihm geblieben sei. Seine Frau nickte zu allem, was er sagte.

Amira war traurig, ihre neue Freundin zu verabschieden, doch sie freute sich auch für Ela. Ein paarmal sahen sich die beiden Mädchen noch, dann zog Ela um, und wir verloren sie aus den Augen. Doch die Kinder wollten noch oft wissen, wie weit Ela eigentlich gelaufen war, und wir schauten uns das auf dem Globus und im Atlas an, und die größeren Kinder verbrauchten einige ihrer kostbaren dreißig Minuten Internet-Zeit mit der Recherche, wie es in Elas Heimat aussah.

Baumschule

Ja, ich wüsste gern, was aus Ela geworden ist, und trotz der schrecklichen Dinge, die das kleine Mädchen sehen musste, glaube ich, dass sie ihren Weg machen wird. In diesem kleinen Menschen steckte eine unglaubliche Kraft. Ela wollte Kinderärztin werden und sich später einmal auf Gehörlose spezialisieren, das war ihr Ziel seit ihrem fünften Lebensjahr. Natürlich beherrschte sie die Gehörlosensprache und erntete dafür viel Bewunderung in unserer Familie. Zwei Kindern brachte sie auch einige Gesten bei. Ich bin felsenfest davon überzeugt, dass die fleißige Schülerin Ela es schaffen wird, wenn man ihr nicht allzu viele Steine in den Weg legt. Ich brauchte ihr keine Perspektive aufzuzeigen, sie trug sie selbst in sich. Bei anderen Kindern muss die Perspektive erst einmal entwickelt werden. Große und kleine Menschen benötigen Inseln in der Zukunft, für die sich das Weiterleben lohnt. Kinder sind aber schneller zufriedenzustellen – da genügt manchmal schon die Ankündigung eines Schokoladenpuddings, und die Welt sieht wieder freundlicher aus.

Elas Geschichte hat mir eindrücklich gezeigt, wie vielschichtig der Begriff Sicherheit ist. Wir sprechen davon, dass Kinder Sicherheit brauchen, und denken dabei an eine stabile Eltern-Kind-Beziehung. Das halten wir zu Recht für fundamental wichtig, doch wir leben in einem sicheren Land. Was ist mit all den Kindern, denen eine andere grundlegende Sicherheit prinzipiell fehlt, weil sie in einem Kriegsgebiet oder in einem Flüchtlingslager mit Zehntausenden Heimatlosen leben?

Durch den Kontakt mit Flüchtlingskindern hat sich mein Blick verändert, obwohl ich natürlich nie aus den Augen verliere, dass jedes Kind, das von seinen Eltern getrennt wird, Sicherheit einbüßt. Seine eigenen Wurzeln sind noch zu zart, es kann noch nicht ohne den Schutz des großen Mutter- und Vaterbaums dem Wetter trotzen. Stürme überstehen, Hagel und schwere Schneelast auf seinen dünnen Zweigen tragen. Und dann brechen sie. Und manchmal bricht der ganze Baum. Dann wird es wieder Frühling, und die zarten Wurzeln sind ja noch da, und so wird erneut gewachsen und geschoben und ausgetrieben und geblüht ... und hoffentlich entfaltet sich der Baum im zweiten Anlauf. Oder er kommt in meine Baumschule.

Manchmal schreitet das Jugendamt ein, öfter trennen sich die Eltern, lassen sich scheiden. Und dann? Auf einmal ist die Zukunft dieser Kinder nicht mehr sicher. Sie wissen nicht, wo sie wohnen werden, ob sie noch in dieselbe Schule gehen werden, der Boden wird ihnen unter den Füßen weggezogen, und auch wenn es einer ohne Minen ist, so kommt das einem Erdbeben in diesem Kinderleben gleich. Und wenn die Eltern auf der Paarebene mit ihrer Trennung beschäftigt sind, verlieren sie manchmal den Kontakt zu ihren Kindern. Oder sie instrumentalisieren die Kinder; an den Seelen der Kinder wird herumgezerrt, um den Partner zu verletzen. Doch auch die Seele des Kindes wird verletzt – meistens viel nachhaltiger als der ehemalige Partner. Der ist ja erwachsen. Der kann allein für sich sorgen. Der hat Handlungsspielraum – das Kind nicht. Es verliert seine Sicherheit im Leben, und darauf reagiert es. Vielleicht mit schlechten Noten, vielleicht mit auffälligem Verhalten, und dann streiten die Eltern noch mehr, und alles wird noch bedrohlicher für ein Kind. Mama und Papa sagen: »Ich werde dich immer lieb haben. Du bleibst für immer meine Tochter / mein Sohn.« Aber kann das Kind das auch spüren? Ich habe viele solcher Sätze gehört, die Eltern zu ihren Kindern sagten, und ihr Verhalten sprach eine andere Sprache. Es ist einfach, ein paar Wörter zu sagen, die das Kind in Sicherheit wiegen sollen. Doch wahre Sicherheit sieht anders aus, sie fühlt sich anders an, und ihre Übermittlung dauert länger als zwischen Tür und Angel, entfaltet sich mit Zeit, Ruhe und Kontinuität.

Wenn Kinder sich sicher fühlen, können sie auch verstehen, dass die Eltern mal streiten. Sie lernen, dass ein Streit nicht das Ende einer Beziehung markiert. Und dass man auch nach einer Trennung respektvoll miteinander umgehen kann. Manche meiner Kinder empfinden Streit als extrem bedrohlich. Sie weichen ihm aus, verstecken sich oder wollen nie wieder mit dem »Feind« spielen, nach dem Motto: Wer nicht für mich ist, ist gegen mich. Wenn mir das auffällt, führe ich die Kinder an eine andere Streitkultur heran. Nicht selten finde ich heraus, dass ihre häusliche Umgebung von Streit geprägt war oder dort überhaupt nie vor Kindern gestritten wurde. So erzähle ich ihnen immer wieder in verschiedenen Situationen mit verschiedenen Metaphern, dass alle Menschen das Recht haben, mal zu streiten, Große und Kleine. Und dass das kein Ende bedeutet, sondern wichtig ist, weil manche Dinge geklärt werden müssen. Das gehört zum Leben dazu, und das muss auch ein Kind aushalten.

Häufig wollen Eltern ihre Kinder vor allen Missstimmungen schützen und versuchen, ihre Meinungsverschiedenheiten vor den Kindern zu verbergen. Doch das funktioniert nicht, weil die Kinder es fühlen, und wenn man ihnen dann sagt, dass sie sich täuschen, dass alles in Ordnung sei, untergräbt man ihr Vertrauen in die eigene Wahrnehmung. Was aber geschieht, wenn man seinen eigenen Gefühlen nicht mehr trauen kann? Der bessere Weg ist Klarheit, auch gegenüber einem Kind, in angemessener Sprache und mit Bildern und Vergleichen, die es verstehen kann. Eltern sollten ihren Kindern vermitteln, dass alles wieder in Ordnung kommt, anstatt so zu tun, als hätte der Haussegen nie schiefgehangen.

Die Brücke

Ich wüsste so gern, ob bei meinen Flüchtlingskindern wirklich alles in Ordnung gekommen ist. Aber Pflegemütter werden nicht auf dem Laufenden gehalten. Sobald die Kinder ausgezogen sind, wird die Pflegemutter abgeschnitten, und wenn sie sich zu tief auf die Kinder eingelassen hat, ist das ihre eigene Schuld und ein Zeichen für ihre unprofessionelle Herangehensweise. Letztlich ist sie nur eine Dienstleisterin. Wenn es danach noch Kontakt gibt, müssen die Kinder ihn halten. Doch die ganz Kleinen wissen nicht, bei wem und wo sie untergebracht waren. Irgendwann einmal werden sie ihren eigenen Kindern hoffentlich erzählen, wie das damals war, als sie noch keinen Platz in dem neuen Land gefunden hatten.

Als ich damals nach Deutschland kam und das Leben so schwierig war, lebte ich eine Weile in einem Haus bei einer Frau. Da waren noch andere Kinder, große und kleine, und ein Hund und eine Katze. Ich weiß nicht, woher die Frau kam, ob sie meine Eltern kannte oder wie das alles zusammenhing. Ich weiß auch nicht, wie lange ich dort war, doch …
Ich durfte mich satt essen jeden Tag.
Die Frau hat immer Zeit gehabt, wenn ich Kummer hatte.
Sie hat Bilderbücher mit mir angeschaut.
Jedes Kind hatte ein eigenes Bett.
Es gab komisches Essen.
Der Hund saß auf dem Sofa.
Abends wurde vorgelesen.
Es gab viele Spiele.
Die Frau hatte sehr viele Bücher und Schränke voller Sachen.
Es gab keinen Fernseher.

Alle Kinder durften in die Schule gehen.
Einmal haben wir uns alle verkleidet, das war lustig.
Nein, ich weiß nicht mehr, wie die Frau hieß. Die anderen
haben Mama zu ihr gesagt, und das habe ich dann auch
gemacht.

Aber vielleicht würden die Kinder auch ganz andere Dinge sagen, die mir gar nicht einfallen würden. Einmal hat ein Junge sich beim Abschied bedankt, weil er bei mir immer satt geworden ist. Das hat mich lang beschäftigt, aber es blieb kein Einzelfall. Ich erinnere mich an zwei Geschwister, die so viel gegessen haben, dass ich anfangs ins Schleudern kam. Drei Knödel pro Kind? Dreimal Nudeln mit Soße auf den Teller? Sie waren regelrecht ausgehungert und hatten sich angewöhnt, auf Vorrat zu essen, wenn es schon mal was gab. Ich ließ sie gewähren, weil ihnen das Sicherheit vermittelte, bis sie merkten, dass es in ein paar Stunden zuverlässig die nächste Mahlzeit geben würde. Nach einigen Tagen passte sich ihr Essverhalten den anderen Kindern an. Hätte ich ihnen das maßlose Essen untersagt, wären sie in Habachtstellung geblieben.

Sollte ich die Kinder einmal zufällig wiedertreffen und würde ihnen die Anekdote von dem Pfannkuchenwettessen erzählen, hätten sie das wahrscheinlich vergessen. Auch andere Begebenheiten verschwinden für immer, wenn sie nicht durch Erzählungen lebendig bleiben. Doch ich bin ja nicht mehr da, um die Erinnerungen bei den Kindern wachzuhalten. Für viele Kinder bin ich eine Brücke von ihrem alten Leben in ein neues. Sie verlassen ihre Eltern, erholen sich bei mir und werden dann weitervermittelt oder kommen zurück zu ihren Eltern, die sich mittlerweile aus einer schwierigen Situation befreit und einen Neustart geschafft haben. Was ist in der

Zeit auf der Brücke geschehen? Ich würde es gern mitteilen. Doch obwohl ich eine Zeitzeugin bin, darf ich das Neuland nicht betreten. Mein Platz ist die Brücke. Ein einziges Mal habe ich einen Schritt übertreten.

Das Fotoalbum

Ich stand in der Küche, das Mittagessen war fast fertig, als Amira von der Schule nach Hause kam. Schon an der Art, wie sie die Tür aufriss, hörte ich, dass etwas Besonderes geschehen sein musste.

»Mama!« Schon stand sie in der Küche. »Stell dir vor, wen ich gesehen habe, also ich glaub schon, dass er das war, ich bin total sicher, das kann nur er gewesen sein, weil er doch auch das eine Ohr so komisch hatte, also ganz bestimmt war er das.«

»Wer?«

»Rate doch mal.«

»Ich erinnere mich an kein Ohr.«

»Doch, das war so rund.«

»Wen meinst du?«

»David.«

»David?« Ich sah den kleinen Jungen vor meinem geistigen Auge. Seine beiden Ohren waren völlig intakt. David war mit knapp acht Monaten zu uns gekommen, weil seine Mutter in eine Klinik musste. Der kleine Junge war apathisch, reagierte auf nichts, sein Blick war starr. Er war weit hinter seiner Entwicklung zurück, konnte nicht einmal krabbeln. Seine Mutter hatte ihn in der Badewanne »gehalten«, ohne Körperkontakt. Es dauerte vier Wochen, bis David auftaute und lebendig wurde. Man durfte nur kein Badezimmer mit ihm betreten. Dann fiel er sofort in eine Art Totenstarre. Ich badete ihn in einer Plastikwanne in der Küche, und die damals fünfjährige Amira wollte immer mithelfen, er war für sie wie eine lebendige Puppe. In den knapp zwei Jahren bei mir holte David sehr viel auf, und nach dem Tod seiner Mutter zog er zu seinen Großeltern.

Am nächsten Tag sprach Amira den Jungen im Schulbus an: »Bist du David?«

»Ja.«

»Weißt du, wer ich bin?«

»Nein.«

Amira ist ein wundervolles Mädchen, doch manchmal mangelt es ihr ein wenig an Feingefühl. Oder sie ist einfach nur direkt, was ich sehr liebenswert finde. In diesem Fall aber war es der falsche Weg. Sie fragte David: »Hast du noch Angst vor Badezimmern?«

Daraufhin schaute er sie entsetzt an und wechselte den Sitzplatz.

»Aber so war es doch!«, verteidigte Amira sich mittags bei mir.

»Ja, sicher. Aber wenn man jemanden so lange nicht mehr gesehen hat, erinnert man ihn nicht gleich an eine unangenehme Situation.«

»Wenn ich ihn morgen wiedersehe, entschuldige ich mich.«

»Ich glaube, ich begleite dich morgen mal«, sagte ich.

In aller Schnelle stellte meine liebe Freundin Christl am Computer ein Fotoalbum für David zusammen und versprach, die Kleinen zu betreuen, wenn ich mit Amira den Schulbus nehmen würde. David war mit uns sogar einmal in Italien gewesen. Und ach ja, zu Weihnachten waren wir bei Freunden, die hatten eine Carrera-Bahn aufgebaut. Und der Nachbarsbauer hatte ihn auf eine Kuh gehoben. Und da lag er in seinem Zimmer mit seinem Teddy im Bett ...

»Schau mal«, sagte ich am nächsten Tag im Bus zu David. Er hatte mich erkannt und mit einem höflichen Händedruck begrüßt. Aber eigentlich war er mehr erschrocken als erfreut. Er sah gut aus und wirkte gesund, ein ganz normaler Schuljunge. Keiner sah ihm seinen schwierigen Start an. Zögerlich, aber doch neugierig blätterte er das Fotoalbum durch. An einiges erinnerte er sich. »Das war mein Zimmer?«

»Ja.«

»Den Teddy hab ich heute noch.«

»Ja, den wolltest du unbedingt mitnehmen.«

»Ui, ich war ja sogar mal am Meer.«

»Ja, das war im Urlaub in Italien.«

»Das weiß ich gar nicht mehr. Ich dachte, ich war noch nie am Meer.«

»Doch, einmal«, sagte ich. »Magst du das Fotoalbum haben? Es ist für dich.«

»Nein, lieber nicht.« Er schaute mich bekümmert an. »Das würde meinen Opa traurig machen.«

»Dann nehme ich es lieber wieder mit«, sagte ich, und konnte die Traurigkeit des Vaters über den Selbstmord seiner Tochter spüren, die auf den Enkel übergegangen war. Dabei erinnerte sich David wahrscheinlich kaum an seine Mutter, er war knapp vier, als sie starb.

»Und ich hab ja schon ein Foto von dir«, sagte David.

»Tatsächlich?«

»Ja. Da sitzen wir in einer Hollywoodschaukel und essen Eis. Der Opa hat es mir gegeben. Es steht auf meinem Schreibtisch.«

»Das ist schön«, sagte ich.

»Deswegen brauch ich das Album nicht.«

»Mach's gut, David. Es freut mich, dass ich dich mal wieder gesehen habe.«

»Ja. Danke.« Wieder streckte er mir seine Hand entgegen.

»Magst du meine Telefonnummer?«, bot ich ihm an. »Vielleicht, wenn du es dir anders überlegst und das Album doch haben willst. Oder für später einmal?«

»Nein, danke. Das würde mein Opa nicht wollen. Und ich muss jetzt aussteigen.«

Nach dieser Begegnung sah Amira David nur noch wenige Male, sie begrüßten sich, sprachen aber nicht miteinander, und im neuen Schuljahr sahen sie sich gar nicht mehr, weil Amira die Schule wechselte.

Erwachsene erinnern sich an viele Begebenheiten, vor allem aus den Erzählungen ihrer Eltern und Großeltern. Wenn bestimmte Geschichten öfter erzählt werden, ist es so, als würden wir uns tatsächlich daran erinnern. Doch wir erinnern uns an die Erzählungen. Und auch wenn wir älter sind, hören wir noch gern Geschichten aus einer Zeit, in der wir zwar schon auf der Welt waren, doch keine Ahnung hatten, wo genau wir uns befunden haben. Am Meer? Ich bewahre viele Augenblicke mit meinen Kindern in meinem Herzen auf, und da wir meistens so viele waren, erinnern sie sich auch untereinander an bestimmte Ereignisse, und wenn dann mal wieder ein Treffen ansteht, vielleicht mein Geburtstag, und viele kommen, geht es ein bisschen zu wie bei einem Klassentreffen. Ja, wenn alle da wären, könnten wir zwei bis drei Klassenzimmer füllen – in internationaler Besetzung!

Not kennt keine Grenzen

Bei Flüchtlingskindern kann es zu den bekannten Problemen noch ein weiteres geben, und das ist nur allzu menschlich. Sie kommen in Deutschland, einem Land des Überflusses und der Fülle, an und haben nichts. In ihrer Heimat mussten sie alles aufgeben. Auch kleinen Kindern tut es weh, wenn sie ihre Spielsachen zurücklassen müssen. Dann sind sie hier bei uns und sehen, was andere Kinder ganz selbstverständlich besitzen. Volle Kleiderschränke, Puppen, Handys ... Das ist nicht immer leicht, und zu verlangen, dass Kinder das neidlos anerkennen, getragen von der Dankbarkeit, in Sicherheit zu sein, ist unmenschlich, denn das verstehen ja nicht mal Erwachsene, warum der eine so viel und der andere fast nichts hat. Für mich sind Kinder in Not einfach Menschen, egal aus welchem Land sie stammen, und mit der Frage, warum ich mich um ein Kind aus Afrika kümmere, wo es doch auch so viele deutsche Kinder gibt, kann ich nichts anfangen.

Es war immer eine Bereicherung für mich, ein ausländisches Kind aufzunehmen, weil es mir die Welt in ihrer Vielfalt erschlossen hat. Ich bin sozusagen nicht selbst gereist, sondern durch meine Kinder.

So unterschiedlich die Erwachsenen sind, sind es auch die Kinder. Es gibt freundliche, höfliche, dankbare, gefühlvolle, herzliche. Und es gibt die anderen, und zwar in allen Hautfarben und Nationen. Als Pflegemutter darf man nicht auf Dankbarkeit zählen. Aber natürlich ist es einfacher, wenn ein Kind zu mir sagt, dass es sich bei mir wohlfühlt, kurz, wenn die Chemie stimmt. Es kann aber auch einmal ein Kind kommen, bei dem die Chemie nicht stimmt. Ein Kind, das unhöflich oder gar ruppig ist und sich nicht in unsere Gemeinschaft einfügt. Ein Kind, das die anderen triezt oder sich aggressiv gebärdet und schlechte Stimmung verbreitet. Dann habe ich immerhin die Möglichkeit, mich auf meine offizielle Pflegemutterschaft zurückzuziehen und es einfach gut zu versorgen. In Ausnahmefällen bitte ich das Jugendamt, eine andere Pflegestelle für dieses Kind zu finden. Zwei solche Fälle erinnere ich.

Ramadan

Im Sommer kam einmal ein vierzehnjähriger muslimischer Junge während des Ramadans zu mir. Tamer durfte also von Sonnenaufgang bis Sonnenuntergang nichts essen und trinken. Es war ein außergewöhnlich heißer Sommer. Die Kinder wollten zum Baden, etwas unternehmen, sie hatten Ferien. Doch Tamer war zu schwach, er konnte das Haus nicht verlassen, er hatte Hunger und Durst und lag den ganzen Tag im Bett und spielte mit seinem Handy. Ich kochte ihm nahrhafte Speisen, die er nach Sonnenuntergang essen durfte, damit er am nächsten Tag nicht so hungrig wäre. Doch er wollte am liebsten zu McDonald's gefahren werden, und da machte ich nicht mit.

Amira versuchte motivierend, zwei Tage mitzufasten, doch dann gab sie auf, wir alle gaben auf, denn Tamer brachte nur schlechte Stimmung ins Haus. Er machte sich über uns lustig, weil wir seiner Meinung nach in der analogen Steinzeit lebten, und ich war froh, als das Jugendamt ihn in seine Zukunft schickte. Ich hätte ihm auch nicht länger Obdach geben wollen. Sein Nichtessen und Im-Bett-Liegen störte unsere Gemeinschaft. Außerdem fühlte er sich als Junge überlegen, und das ist ein Ausschlusskriterium für mich. Gewiss versuche ich mir gegebenenfalls ins Gedächtnis zu rufen, dass die Kinder aus einer anderen Kultur kommen, in der Frauen wenig Rechte haben, Hunde getreten werden, aus Kulturen, in der nur die Oberschicht Zugang zu Bildung hat. Aber Tamer war nicht erst seit gestern in Deutschland. Er hätte genügend Zeit gehabt, sich auf die hiesigen Gepflogenheiten einzustellen. Vielleicht würde ich, wäre ich allein, nicht vor Extremfällen wie ihm zurückschrecken, doch ich trage Verantwortung für die Kinder, die bei mir sind und sich weiterhin sicher fühlen sollen. Einmal war das nicht gewährleistet.

Die Ausreißerin

Saskia wollte ähnlich wie Tamer nichts mit uns zu haben, und das ließ sie, wie man so schön sagt, auch ordentlich heraushängen. Es hing auch an ihren Wimpern, die fast bis zum Haaransatz reichten, und obwohl sie erst vierzehn war, sah sie aus wie achtzehn und als würde sie sich prostituieren. In der ersten Nacht brachte ich die Kinder ins Bett und staunte dann nicht schlecht, als sie mir in voller Montur, High Heels, Leoparden-Minirock, Bustier, im Flur begegnete.

»Ich gehe aus«, teilte sie mir mit.

»Ja«, sagte ich. »Die Treppe hoch. In dein Bett.«

»Du kannst mir gar nichts verbieten.«

»Doch.« Ich stellte mich ihr in den Weg, da schubste sie mich beiseite. So etwas hatte ich noch nie erlebt. Durch mein empörtes Rufen wurde Amira wach und eilte mir zu Hilfe. Da schlug Saskia auf sie ein, dann packte sie sie am Hals und würgte sie.

»Mama!«, kreischte Amira, rang nach Luft, hustete. Ich sprang Saskia von der Seite an und packte ihre Hände, aber erst mithilfe von Maximilian, der dieses Wochenende zu Besuch war, gelang es, das Mädchen zu bändigen. Aber was nun? Es war Samstagabend, und im Jugendamt erreichte ich niemanden. Saskia teilte uns in überheblichem Ton mit, dass sie heute noch »abreisen« würde, und zwar nach Berlin. So blieb mir nichts anderes übrig, als die Polizei zu rufen. Doch als ich zum Hörer griff, beruhigte sie sich und versprach, ganz brav in ihr Bett zu gehen. Maximilian meinte: »Vielleicht sollten wir für solche Fälle Handschellen im Haus haben.«

Ich verbrachte eine sehr unruhige Nacht und überlegte sogar, die Kinder in ihren Zimmern zu ihrer eigenen Sicherheit einzuschließen.

Als Pflegemutter bin ich verantwortlich für meine Kinder. Ich stehe dafür gerade, dass ihnen nichts geschieht, und beseitige vorausschauend alle Gefahrenquellen im Haus, damit keines aus dem Fenster fällt oder sich anderweitig verletzt. Aber welches der Kinder neigt dazu, Grenzen zu übertreten? Ich muss schnell herausfinden, was für eine Persönlichkeit in einem neuen Kind steckt. Ist es eine risikofreudige, die vor nichts und niemandem Angst hat und mit großem Forschergeist ausgestattet Gefahr läuft, sich zu verletzen? Oder ist es eine zurückhaltende, schüchterne, die es kaum wagen wird, selbstständige Erkundungsgänge zu starten? Ihre eigenen

Pappenheimer kennt eine Mutter, doch ich muss die Neuzugänge ja erst einmal einschätzen.

Manchmal fragt mich jemand, ob ich mit so vielen fremden Kindern und der großen Verantwortung, die sie mit sich bringen, überhaupt schlafen kann. Ja, meistens schlafe ich hervorragend, denn ich trage eine tiefe Zuversicht in mir, dass alles gut gehen wird: Weil ich meinen Kindern in der Regel vertraue. Aus vollstem Herzen signalisiere ich ihnen, dass ich an ihre Fähigkeiten glaube. Wenn eines fünf Teller in der Hand hält, mutmaße ich nicht: Gleich geht das Porzellan zu Bruch. Dann klirrt es nämlich drei Schritte später. Wenn sie barfuß durch den Garten rennen, erwarte ich nicht, dass ich demnächst einen Bienenstachel werde ziehen müssen. Wenn sie mit dem Fahrrad fahren, stelle ich mir nicht vor, wie sie verunglücken. Ich sehe sie sicher und stark und froh, und weil ich sie so sehe, sind sie das. Das ist meine Überzeugung, und in all den Jahren ist fast nichts passiert; aufgeschlagene Knie und geklebte Pflaster halten sich in harmlosen Grenzen.

Mein Motto heißt: Du kannst das, du schaffst das! – ohne dabei leichtsinnig zu sein. Dieses Vertrauen strahlt auf die Kinder ab. Denn wie ist es sonst zu erklären, dass übervorsichtige, stets besorgte Mütter, die wie Helikopter um ihre Kinder kreisen, so oft Scherben zusammenkehren, Stachel ziehen und Pflaster kleben? Aber vielleicht kenne ich auch nur die falschen Gegenbeispiele, jedenfalls werde ich weiterhin Vertrauen in die Geschicke meiner Kinder setzen, denn ich möchte, dass sie selbst Erfahrungen sammeln und dadurch lernen, sich besser einzuschätzen. Und wenn sie doch einmal straucheln, passen sie beim nächsten Mal besser auf. Das brauche ich ihnen gar nicht mitzugeben auf den Weg, das wissen sie dann selbst, und zwar für immer. Und wenn sie mich fragen, ob sie stark genug sind, auf den Baum zu klettern, dann sage ich: Ja, du schaffst das! Und stelle mich zur Sicherheit daneben und unterstütze vielleicht zuerst ein bisschen. So bekommen sie ein gutes Gefühl dafür, wie viel sie sich zutrauen können, wie stark ihre Arme und Beine sind.

»Mama! Ich bin oben! Ich hab's geschafft!!«

»Ich seh's! Ich bin stolz auf dich!«

Aber natürlich klopft mir das Herz manchmal im Hals, wenn ich zum Beispiel beobachte, in welchem Affenzahn sie die Treppe runterrennen; haben sie überhaupt noch Bodenkontakt oder fliegen sie? Aber dann denke ich mir, dass ich in diesem Alter auch schneller war als heute, und ich werde einen Teufel tun und mir vorstellen, dass er oder sie sich dabei den Hals brechen könnte. Ich vertraue auf ihre flinke Geschicklichkeit. Und außerdem bin ich ja nicht allein. Bei mir im Haus sind gleich mehrere Schutzengel tätig, und wo ich mal nicht zur Stelle bin, breiten sie ihre Flügel aus und fangen ein Kind auf.

Katze im Sack

Und auch Saskia ist hoffentlich später einmal aufgefangen worden. Hielt ich dieses Mädchen für »böse«? Nein, Saskia war auf Abwege geraten. Dass auch eine andere Seite in ihr steckte, entdeckte ich am nächsten Tag, als sie der Katze, die völlig verharzt nach Hause gekommen war, mehrere Stunden lang das Fell geduldig säuberte. Doch trotzdem machte ich drei Kreuze, als Saskia am Montag, so lange harrten wir aus, in ein betreutes Wohnen für Pubertierende abgeholt wurde. Da leisten die Mitarbeiter des Jugendamts manchmal schon Unglaubliches, und hin und wieder frage ich mich, wo sie nur immer die Plätze herzaubern, die es eigentlich nicht gibt. Aber dann müssen diejenigen, die da sind, zusammenrücken. Oder andere, die gern noch geblieben wären, müssen gehen.

Wie in vielen anderen Berufen – ich habe das von Polizeibeamten gehört und von Ärzten – ist der Freitag auch beim Jugendamt ein besonders stressiger Tag. Man freut sich auf das bevorstehende Wochenende, und dann kriegt man eine Riesensache auf den Tisch. Auch ich habe viele Kinder an Freitagen übernommen, wenn das Jugendamt ganz schnell und unbedingt noch vor dem Wochenende reagieren musste. Bis Montag, wenn behördlich Licht in das Dunkel gebracht wird über genauere Umstände, soll das Kind auf jeden Fall bei mir bleiben, dann wird man weitersehen. Manchmal war ich die letzte Adresse in einer langen Liste für eine mittlerweile ziemlich verzweifelte Mitarbeiterin des Jugendamtes, und wenn ich das Kind nicht nehmen konnte, habe ich auch schon mal gehört: »Tja Frau Pein, dann weiß ich jetzt auch nicht weiter. Wahrscheinlich nehme ich das Kind mit zu mir nach Hause. Ich kann es ja nicht allein im Büro übernachten lassen bis Montag.«

So geht es vielen Menschen in sozialen Berufen. Sie stehen an vorderster Front, sie kriegen das Elend hautnah mit, sie müssen es verarbeiten. Und weil sie nicht einfach wegsehen und sich dann wieder ihren Akten zuwenden oder in Arbeitsgruppen verschwinden können wie Politiker oder andere Entscheider, gehen sie schon mal über ihre persönlichen Grenzen.

Wenn ich Bundeskanzlerin wäre oder etwas zu sagen

hätte, würde ich die Jugendhilfe besser ausstatten mit viel mehr Anlaufstellen und Personal. Denn Kinder sind unsere Zukunft, und wenn wir heute sparen, werden wir das morgen bezahlen müssen, weil Kinder, die keine Wurzeln ausbilden können, oft lebenslang am Tropf von Vater Staat hängen.

Im Münchner Waisenhaus gibt es eine Aufnahmestelle für Notfälle, doch wenn es einem Kind sehr schlecht geht, wird es hier, so mein Eindruck, nicht zuverlässig aufgefangen. Die Gruppen sind zu groß und gemischt, da werden Fünfjährige mit Dreizehnjährigen zusammengewürfelt, und die Großen unterdrücken die Kleinen. Ich habe auch den Ton, den die Kinder im Waisenhaus untereinander an den Tag legen, als extrem ruppig, geradezu beängstigend empfunden. Einmal holte ich dort zwei Kinder ab, die eine Weile bei mir bleiben sollten. Auf dem Weg zu mir nach Hause fiel schon bis zur Stadtgrenze zwanzigmal das Wort Arschloch. Ich wollte nicht gleich maßregeln, doch ich saß am Steuer, und solche Gespräche führe ich am liebsten beim Autofahren.

So fragte ich die beiden auf der Rückbank: »Wisst ihr eigentlich, was die Wörter bedeuten, die ihr da dauernd sagt?«

Schweigen. Dann meinte der Ältere: »Ein bisschen.«

»Wollt ihr es genau wissen?«

»Ja!«, rief die Schwester.

»Dann sagt ihr mir jetzt mal ein Wort nach dem anderen, und ich erkläre es euch.«

Zwischen den Sitzen schoss eine kleine Faust hervor mit ausgestrecktem Mittelfinger. Sollte ich gleich mit englischen Vokabeln beginnen? Ich entschied mich dagegen.

»Stinkefinger«, sagte ich. »Was bedeutet das?«

»Du stinkst«, kicherte die Schwester.

»Stinkefinger bedeutet, dass man sich den Finger in den Popo steckt.«

»Igittttttt!!«

»Und Arschloch?«

»Auch.«

Schweigen.

»Und Hure?«

Zum Glück hatten die beiden ein Gespür dafür, welche Wörter nicht salonfähig waren.

»Das ist eine Frau, die Kontakte mit Männern pflegt und dafür bezahlt wird«, antwortete ich und dachte, dass das schlecht erklärt war. Darunter konnten sie sich wahrscheinlich nichts vorstellen, aber es war gut, dass das Wort in diesem Zusammenhang genannt worden war, denn ich wollte es bei mir zu Hause nicht hören.

»Massafacka.«

»Das ist ein Mann, der mit seiner Mutter Sex hat«, wurde ich deutlicher.

»Sex?«, fragte der Bruder.

»Sieben«, sagte die Schwester.

»Genau«, sagte ich. »Und dann kommt acht.«

Die Aufklärung sparte ich mir für später. Unser »Milchbubi« Robin sollte dann ruhig auch zuhören, er hatte großartige Fortschritte gemacht und badete mittlerweile nicht mehr in Milch, sondern in Wasser. Und er kannte viele Wörter. Leider auch Schimpfwörter, die er von jedem Kontakt mit seinem Vater mitbrachte, der fluchte, als müsste er damit Geld verdienen. »Bitte, Herr Pettenkofer«, erinnerte ich ihn immer wieder, »bitte nicht so viele Schimpfwörter.«

»Ich streng mich jedes Mal verdammt an!«, entgegnete der Gerüstbauer, der von Kopf bis Fuß mit Tattoos tapeziert war.

Beim Essen stieß Robin an Amiras Glas, das fiel zu Boden und zersprang.

»Oh Mist, so eine Seife!«, sagte Robin.

»Ja, das ist eine gute Idee, sagte ich. »Komm, wir waschen gleich deine Hände mit Seife.«

Brav folgte er mir ins Bad; die anderen Kinder erstickten fast an ihrem Lachkrampf. Später beschwerten sie sich. »Warum darf der das sagen, was wir nicht sagen dürfen?«

»Ihr dürft jederzeit Seife sagen.«

»Aber das hat er ja gar nicht gemeint, er hat das andere gemeint.«

»Nein, er hat Seife gemeint, und das sollt ihr auch tun, und wehe, einer von euch klärt ihn über C und H auf.«

»Wie?«, fragte Martin.

»Sch«, machte Amelie.

»Ach so«, sagte Martin.

»Seife!«, rief Robin.

»Noch mal Händewaschen?«, fragte ich.

Beim nächsten Mal musste ich mich selbst sehr beherrschen, nicht zu lachen, doch damit hätte ich alles kaputt gemacht. Wieder rief Robin »Seife«, und ich bestätigte ihm: »Ja, das ist eine gute Idee, aber ich habe gerade keine Zeit. Später gehen wir Hände waschen mit Seife.«

Seife wurde zu einem Running Gag, und als mich kurz darauf meine Nachbarin besuchte, mit der ich morgens manchmal eine Tasse Kaffee trinke, rümpfte sie die Nase und sagte: »Hier riecht es nach Seife, ist hier eine Windel voll?«

So sehe ich Robins Kindergartenzeit immer zuversichtlicher entgegen. Er wird nicht nur sprechen können, sondern sich auch gut ausdrücken, wie damals Jada aus Jamaika, die eineinhalb Jahre bei uns blieb. Einige Monate nachdem Jada zu ihrer Mutter zurückgekehrt war, rief diese mich aufgeregt an. Jadas Lehrerin habe sie in die Schule bestellt. Was das zu bedeuten habe? Könnte ich bitte mitkommen? Jada stand nicht mehr unter meiner Obhut, doch ich hatte das quirlige Mädchen ins Herz geschlossen, ebenso wie seine Mutter mit den Rastazöpfen, die mir unbedingt Trommeln beibringen wollte, weil das glücklich macht. Von ihrer Lehrerin wurde Jada nur gelobt. Sie wollte die Mutter einfach einmal kennenlernen und sich erkundigen, wo ihre Tochter so ein exzellentes Deutsch gelernt hatte.

»Bei meiner Mutter!«, rief Jadas Mutter spontan.

Und das war gar nicht so falsch, denn ich hatte die junge Frau auch ein bisschen unter meine Fittiche genommen. Ich halte es für enorm wichtig, in Deutschland gutes Deutsch zu sprechen. Ich glaube, dass ein großer Wortschatz auch das differenzierte Denken befördert. Schimpfwörter haben bei mir Hausverbot. Deshalb steht im Wohnzimmer ein sogenanntes »Fäkalienglas«. Der Deckel hat einen Schlitz, und jeder, der einen Kraftausdruck verwendet, muss einen Euro einwerfen. Wenn das Glas voll ist, kommt es in die Kläranlage, und wir machen gemeinsam etwas Schönes mit dem Inhalt.

Die Kinderstube

Durch sein Verhalten zeigt ein Kind, ob es in seiner Erziehung Werte vermittelt bekommen hat. Werte sind allerdings keine Manieren. Wir dürfen nie vergessen, dass in anderen Ländern andere Sitten herrschen, wie ein deutsches Sprichwort sagt. Wenn ein Kind zuerst mit den Händen isst, dann fehlen ihm nicht Manieren, es fehlt ihm die Erfahrung mit unserer Kultur. Doch natürlich erwarten wir von erwachsenen Menschen, dass sie sich deutschen Gepflogenheiten anpassen und beispielsweise pünktlich sind. Wir haben eine andere Auffassung von Pünktlichkeit als in anderen Ländern, wo es unhöflich wäre, um zwölf aufzutauchen, wenn man um zwölf eingeladen ist. Man kommt dann frühestens um eins, das gebietet die Höflichkeit. Doch abseits dieser kulturellen Unterschiede gibt es auch so etwas wie eine Herzensbildung – welche Werte haben die Kinder verinnerlicht? Ela aus Kabul war gut erzogen, obwohl ihr manche deutschen Gewohnheiten seltsam erscheinen mochten. Durch ihre taubstummen Schwestern reagierte das rücksichtsvolle Mädchen sehr sensibel auf die Hilfsbedürftigkeit anderer. Ela hätte auch längerfristig gut zu uns gepasst und keine Unwucht in unsere Gemeinschaft gebracht, wie so manches andere Kind.

Mit jedem Neuzugang ordnet sich das Gefüge anders. Bestehende Freundschaften werden vielleicht gelockert, es kann zu Eifersüchteleien kommen. Je älter die Kinder sind, desto höher das Konfliktpotenzial. Manche Pflegemütter, und dazu zähle ich mich, nehmen aus diesem Grunde bevorzugt kleinere Kinder auf. Einige haben sich auch auf Säuglinge spezialisiert. Mein Haus steht allen Altersgruppen offen, doch am liebsten sind mir die Ein- bis Zehnjährigen. In diesem Alter kenne ich mich auch am besten aus. So mag es nicht verwundern, dass mein unangenehmstes Kind, ja, so muss ich es nennen, siebzehn Jahre alt war, woran ich allerdings zweifelte. Die schwangere junge Frau aus Nigeria machte mir eher den Eindruck einer Neunzehnjährigen. Doch in diesem Alter hätte sie nicht mehr von der staatlichen Fürsorge profitiert. Wie die funktioniert, hat sich unter Flüchtlingen herumgesprochen. Diejenigen, die nur absahnen wollen, vermitteln ein völlig falsches Bild von der Mehrheit der Flüchtenden.

Emeka war eine Schmarotzerin. Sie bekam tausend Euro für ihre Kindererstausstattung und beschwerte sich bei mir, weil das viel zu wenig wäre. Ich bot ihr an, aus meinem Fundus ein paar Strampelanzüge herauszusuchen, da erklärte sie mir herablassend, dass sie ihrem Baby ganz bestimmt keine gebrauchten Klamotten anziehen würde. Sie brauche neue Strampelanzüge, da müsse das Amt noch ein paar Scheine herausrücken. Von mir erwartete sie, dass ich sie durch die Gegend chauffierte, und wenn sie zu spät zu unserem Treffpunkt erschien, sollte ich warten. Und wenn ich das nicht machte, war ich in ihren Augen eine doofe Dienstleisterin, der die Kapazitäten fehlten zu verstehen, dass Emeka als Nigerianerin die Krone der Schöpfung symbolisierte.

Die Krone der Schöpfung

Emeka fand uns alle ätzend. Obwohl sie laut Auskunft des Jugendamtes einen Deutschkurs besucht hatte, sprach sie ausschließlich Englisch. Sie blieb bis Mittag im Bett, schlurfte dann spärlich bekleidet durch das Haus, wackelte vor Matayo mit den Hüften und kehrte ihm den Rücken zu, denn er war ja nur ein Kongolese. Matayo, kaum älter als sie, verdrehte genervt wie ein Hausvater aus einer anderen Generation die Augen. Meistens trug Emeka Kopfhörer, sie sprach wenig, und wenn, dann sagte sie: »I don't like.« Oder: »I need.«

In der ersten Stunde im Haus rückte sie nicht nur die Möbel in ihrem Zimmer um, die sie scheußlich fand, »I don't like«, sondern wollte auch neue kaufen, »I need«. Ihr Bett war zu hart. Und der Blick aus dem Fenster langweilig – nur Wiese und Wald. Aber wir hatten ja sowieso keinen Geschmack. Sie wollte auch die Möbel im Wohnzimmer umstellen. »I don't like.« Und sie waren ihr zu wenig bunt. »I need colour.« Der Fernseher sollte ständig laufen. Die Kinder im Haus nervten sie. »I hate children.« Etwas sanfter ging sie mit den Einheimischen um: »I don't like German people.« Dieses geradezu unverschämte Verhalten verblüffte mich. Manchmal stand ich staunend daneben und wunderte mich. Und das machte die Sache natürlich auch interessant. Glaubte Emeka wirklich, sie wäre eine Königin, oder war sie unsicher?

Allein ihr Problem mit meinem Essen konnte ich nachvollziehen. Aber musste man deswegen am Tisch vor allen die Finger in den Hals stecken und ein Übergeben andeuten? Das empörte vor allem Matayo, dem Essmanieren heilig waren, und so kam es zu einigen Konflikten, bis Emeka beschloss, ihre Ernährung selbst in die Hand zu nehmen. Ich hätte ihr auch besondere Wünsche erfüllt, wie gesagt experimentiere ich gern mit fremdländischen Gerichten, doch als Deutsche fehlte mir hierzu wohl die Eignung. Also chauffierte ich die schwangere Dame in einen Afrika-Laden, den sie mit vier großen Plastiktüten verließ. Ich hoffte, dass sich ihre Laune bessern würde, wenn der Magen angenehm gefüllt war. Zu Hause blockierte sie die Küche über Stunden. Die Gerüche, die durchs Haus zogen, motivierten sogar unseren Stubenhocker Sven, mal frische Luft zu schnappen. Ich lupfte drei Deckel und entdeckte Innereien und Gurgeln und scharfe Schoten in einem Topf. In einem zweiten brodelte eine graue, in einem dritten eine rote Masse.

»Was ist das denn?«, fragte ich neugierig.

Ein abfälliger Blick traf mich. Und dann interessierte es mich auch nicht mehr. Emeka füllte ihre Gerichte in Plastikgefäße, die viel zu viel Platz im Kühlschrank einnahmen, und setzte sich zu den Mahlzeiten mit ihren Plastikschüsseln an den Tisch, fuhr mit den Fingern mal in die eine, mal in die andere Schüssel, rollte Bällchen und schob sie sich mit provozierenden Blicken in die Tischrunde in den Mund. Gut, dass Matayo wieder in England in seiner Uni war. Natürlich verlangte ich, dass Emeka sich in unsere Hausgemeinschaft einfügte, die sie wenig freundlich »stupid« nannte. Doch sie würde nur kurz bei uns bleiben, und so schraubte ich meine Eingliederungsbemühungen auf ein Minimum zurück. Wenn ich nicht mitbekommen hätte, wie verzweifelt die Sachbearbeiterinnen im Jugendamt in diesen Monaten nach Plätzen für die unbegleiteten Minderjährigen suchten, die laut Gesetz nicht in einer Sammelunterkunft untergebracht werden durften, hätte ich Emeka vor die Tür gesetzt.

Es gibt Pflegemütter, die manche Fälle ablehnen. Das habe ich noch nie getan. Ich habe mir immer gedacht, dass ich an den schwierigen Fällen am meisten lernen kann. Mit den Jahren bin ich gelassener geworden, souveräner; ich habe so viele Kämpfe für Kinder ausgefochten, so viele schwierige Beziehungen kennengelernt, entsetzliche Schicksale mitgetragen und auch Fehler gemacht, ja. Es war ein steiniger und schöner Weg, und im Augenblick waren die Kinder, die ich betreute, »aus dem

Gröbsten raus«. Wir hatten ein harmonisches Miteinander in einem schönen gemütlichen Daheim, das Emeka beurteilte wie ein schlecht geführtes Hotel. Was aber auch Vorteile hatte, denn sie verließ ihr Zimmer kaum, hing den ganzen Tag am Handy.

»Mama, was ist mit der, Mama, was hat die?«, fragten meine Kinder. Keiner mochte sie, die Kleinen hatten Angst vor ihr, weil Emeka sie einmal angeschrien hatte. Außerdem hatte ich sie dabei ertappt, wie sie Horrorgeschichten verbreitete – da konnte sie plötzlich Deutsch.

»Mama, stimmt es, dass ein Mann mit einem Sack kommt und mich reinsteckt und wegbringt?«

Das war der Moment, in dem ich Emeka vor die Wahl stellte: Entweder sie änderte ihr Benehmen oder sie zog sofort aus. Daraufhin blieb sie auch beim Essen in ihrem Zimmer, und das erleichterte alle.

Emeka durfte sich aussuchen, wo sie ihr Kind zur Welt bringen wollte und die erste Zeit leben würde. Zu meinen Aufgaben gehörte es, sie zu verschiedenen Mutter-Kind-Heimen zu fahren. Nicht dass ich dafür Dank erwartet hätte, aber es stieß mich ab, wie gönnerhaft sie sich Einrichtungen und Kreißsäle zeigen ließ und wie arrogant und abfällig sie sich über die Mitarbeiter der Einrichtungen und ihre Bewohner äußerte. Als sie nach einigen Wochen auszog, war ich sehr erleichtert. Doch leider hatte sie eine schlechte Angewohnheit hinterlassen, denn die Kinder hatten sich ihre Lieblingswendung »I don't like« angewöhnt. Und Robin stellte darüber hinaus Ansprüche. Der kleine Kerl baute sich vor mir auf, streckte die Hände aus und verlangte: »Ei nied Manni, ei nied nju Lippstick, ei nied Schampo.«

»Shampoo ist Seife für die Haare«, sagte ich. »Sollen wir später mal Haare waschen?«

Helfende Hände

Bei Ela und Emeka und anderen Flüchtlingskindern waren mir die Helferkreise eine große Unterstützung, und ich lernte sehr engagierte Menschen mit großer Herzenswärme kennen. Das Thema Flüchtlinge begleitete mich seit Matayo, doch zu seiner Zeit hatte es noch keine Helferkreise gegeben oder sie waren in der Öffentlichkeit nicht bekannt, wenngleich ich auch im Kampf um seinen Aufenthalt in Deutschland großartige Unterstützung fand. In den Helferkreisen hörte ich von zahlreichen Kindern und Familien, die trotz ihres schweren Schicksals nicht in Deutschland bleiben durften und ausgewiesen wurden, obwohl sie sich gut integriert hatten. Ihre Verzweiflung übertrug sich auf die Helfer, die Behördenentscheidungen ohnmächtig akzeptieren mussten, auch wenn sie gegen die Vernunft sprachen – weil ein junger Mensch eine Lehre machte – oder schlichtweg unmenschlich waren.

Helfer, die dann trotzdem nicht aufgaben, sondern weiterkämpften und auch die Hoffnungslosen motivierten, Deutsch zu lernen, diese so unglaublich schwierige Sprache, damit wenigstens eine Duldung erreicht werden konnte. Der Teller, die Tasse, der Boden, die Erde, das Tier, der Hund, das Kaninchen. Die Frage, die Antwort, das Rätsel. Menschen, die Deutsch lernen, staunen oft, weil es im Deutschen drei Artikel gibt. Der, die, das. In vielen anderen Sprachen gibt es nur einen oder zwei oder gar keine Artikel. Wer Deutsch lernt, muss sich also immer den passenden Artikel dazu merken, der sich ja nicht logisch erschließt. Das Messer. Die Gabel. Der Löffel. Wir finden das ganz natürlich, aber wieso ist eine Gabel eine Sie und ein Löffel ein Er? Allein darüber nachzudenken ist durchaus anregend, und vor allem ist hier Erfindungsreichtum gefragt, will man es einem Nicht-Muttersprachler erklären. Was im Deutschen feststeht, ist in anderen Sprachen, die auch Artikel verwenden, anders. Bei uns ist der Mond ein Er und die Sonne eine Sie. In Italien ist der Mond eine Sie und die Sonne ein Er.

Im Helferkreis findet man immer jemanden, bei dem man mal Dampf ablassen kann. Als Pflegemutter stand ich lang allein. Erst seit einem Jahr bekomme ich in regelmäßigen Abständen eine Supervision und bin begeistert. Wir sind meistens drei Pflegemütter und eine Supervisorin. In dieser Runde kann ich meine schwierigen Fälle besprechen. Das ist großartig! Auch an Fortbildungen nehme ich heute teil, und wenn ich jüngeren Pflegemüttern erzähle, dass es das »zu meiner Zeit« nicht gab, können sie das kaum fassen. »Es ist doch eine so verantwortungsvolle Aufgabe!« Ja, das ist es. Und es gibt wenig Wertschätzung dafür, kein sicheres Gehalt, keinen Rentenanspruch, keine Krankenkassenzugehörigkeit und auch keinen Urlaubsanspruch. Wenn die Pflegemutter krank ist, muss sie sich selbst was einfallen lassen. Das ist relativ wenig Unterstützung für einen Menschen, der verhindert, dass Kinder in Heimen groß werden müssen, und dafür sorgt, dass sie stattdessen ein harmonisches Familienleben erfahren, mit allen Chancen, Bindung zu lernen und später selber fähig zu sein, eine Familie zu gründen.

Das kann ich aber allein nicht erreichen, diese gute Basis wird von vielen Händen getragen. Zum einen natürlich von den Behörden, die das alles finanzieren. Aber eben auch von den Menschen, die sich im Lauf der Zeit zu meinem eigenen Helferkreis gebildet haben. Genau genommen fing das schon mit meiner Rückkehr aus Italien an, als ich mit den karierten Vorhängen im Bad ein wunderbares Nest vorfand. In dieses noch immer behagliche Zuhause sind meine lieben Freunde integriert, denn es kommt höchst selten vor, dass ich sie alleine treffe. Tagsüber bin ich beschäftigt, auch am Wochenende, und kann abends nicht ausgehen, da hüte ich den Schlaf der Kinder. Es kann immer eins aufwachen und mich brauchen. Also kommen die Freunde zu mir, sprich zu uns. Oder wir telefonieren, meistens abends, wenn die Kinder schlafen. Das ist meine Zeit. Tagsüber telefoniere ich auch sehr viel, doch da geht es vor allem um Termine für die Kinder, Gespräche mit dem Jugendamt und so weiter. Oft spreche ich mit meinen Freunden über die Kinder, die sie alle gut kennen, zumal sie mithelfen, wenn Not am Mann ist oder mir hin und wieder ein wenig Freiraum ermöglichen. Ohne meinen Freundeskreis hätte ich dieses Buch nicht schreiben können, denn wer sollte auf die Kinder aufpassen, während ich mich in die Vergangenheit vertiefte? Ohne meine lieben Freunde hätte ich niemals so vielen Kindern einen sicheren Zufluchtsort bieten können. Gemeinsam haben wir die Kinder aus ihrer manchmal sehr traurigen Vergangenheit in die Gegenwart geholt, und oft ist es gelungen, sie mit Vorfreude auf eine schönere Zukunft zu erfüllen, in der sie idealerweise eine gute Beziehung zu ihrer Herkunftsfamilie würden aufbauen können.

Ich möchte meinen Kindern Flügel verleihen, damit sie selbst fliegen können. Zwischendurch können sie immer wieder gern mal bei mir, bei uns landen.

Benno

Benno ist mein längster treuer Begleiter. Er hat damals die Renovierung unseres ersten Hauses in Deutschland in seine geschickten Handwerkerhände genommen. Bis heute hält er den Laden am Laufen. Ob die Spülmaschine kaputt ist oder ein Abfluss verstopft – Benno repariert alles, und zwar sofort. Seit einigen Jahren ist er selbst Vater und bringt gern seinen Sohn mit. Benno ist für meine Kinder auch sehr wichtig als männliches Vorbild. Obwohl er strenger ist als ich, lieben ihn die Kinder sehr, und wenn sein Auto in den Hof fährt, rennen sie zur Tür: »Der Benno ist da!« Und dann wird er mit Fragen bestürmt: »Mein Teddy hat nur noch ein Auge, kannst du den operieren?« Oder: »Bei meinem Fahrrad habe ich dauernd einen Platten, kannst du bitte mal schauen, warum die Luft rausgeht?« Benno geht nie die Luft aus. Und wenn ich mal drei Tage weg bin, bleibt er ganz da – natürlich mit seinem Sohn, der als Spielkamerad bei meinen Kindern sehr begehrt ist. Hin und wieder hält er einen Handwerkskurs ab, der stets ausgebucht ist: Alle wollen mitmachen. Und manchmal tun wir auch gar nichts, sondern sitzen im Garten und grillen oder spielen Federball alle miteinander, und im Urlaub in Italien waren wir auch schon gemeinsam.

Christl und Bernhard

Diese beiden wunderbaren Menschen kenne ich seit der drohenden Abschiebung von Matayo. Aber sie haben auch oft tatkräftig zugepackt, einmal sieben Wochen lang bei meinem Umzug von Haus eins in Deutschland in Haus zwei geholfen, knapp dreihundert Kisten eingepackt und ausgepackt. Und wenn etwas Unvorhergesehenes passiert, ist Christl schneller als die Feuerwehr. Bernhard ist unser Fachmann für Telefonanlagen und Computer, verwaltet also eine Schlüsselstelle und wird von den Kindern oft um Rat gefragt. Seit der Sohn der beiden ausgezogen ist, haben sie noch mehr Kapazitäten frei für uns, und natürlich sind sie im Sommer dabei, wenn wir grillen, und waren auch im Urlaub mit uns in Italien – eine große Unterstützung für mich, wenn ich mehrere Kleinkinder zu versorgen hatte.

Mirka und Mirek

Das Paar besucht uns alle drei Wochen für einige Tage, wenn die beiden beruflich in Bayern zu tun haben. Mirka ist unsere Haus- und Hoffriseurin. Bei ihr kommen alle unter die Schere. Und sie liebt Staubsaugen. Es gibt keine Ecke, die sie vergisst, sogar die Terrasse hat sie schon gesaugt. Mirek ist unser Mann fürs Grobe. Ohne mit der Wimper zu zucken, hat er den vergammelten Inhalt der im Urlaub kaputtgegangenen Tiefkühltruhe entsorgt oder einmal den Keller voller Wasser trockengelegt. Der Sohn der beiden ist so alt wie Amato, und beide jungen Männer sind künstlerisch tätig, auch das verbindet uns.

Uli

Sie ist eines Tages einfach vom Himmel gefallen, als der Verein »Kinderinsel«, den mein Freundeskreis vor etlichen Jahren gegründet hatte, um Pflegemütter in Not zu unterstützen, zu kentern drohte. Ich wusste ja selbst, wie das ist, wenn man jeden Pfennig umdrehen muss. Einmal geht das Auto kaputt, ein anderes Mal braucht ein Kind dringend eine Therapie, die nicht von der Krankenkasse bezahlt wird. Uli überlegte nicht lang, sondern adoptierte die »Kinderinsel«. Als Journalistin und Multitalent hat sie auch dafür gesorgt, dass der Verein im Landkreis bekannt wurde, und hat Spenden gesammelt für uns und andere Betroffene. Wenn es mal brennt, übernimmt sie Fahrdienste und kümmert sich um einzelne Kinder. Und wann immer eines besondere Aufmerksamkeit braucht, sind Uli und Herr Llambi zur Stelle, der Hund, der so viele Tricks beherrscht, dass er im Zirkus auftreten könnte.

Silvia

Sie gehört zum Kreis, seit wir um Matayo kämpften, und ist uns all die Jahre treu geblieben. Die Kinder lieben die Ausflüge mit ihr. In der Weihnachtszeit backt sie mit den Kindern Plätzchen, und sie hält geduldig bis zum letzten Krümel durch.

Meine Nachbarinnen

Da ist Annette, die liebe Bäuerin von nebenan. Monatelang hat sie eines meiner Kinder täglich zum Kindergarten gefahren, sodass ich mit meinem Baby in der Früh nicht aus dem Haus musste. Sie kümmert sich, wenn ich es von einem Termin nicht rechtzeitig nach Hause schaffe. Dann dürfen die Kinder Kühe streicheln und in ihre warme Stube. Oder Angela, eine andere liebe Nachbarin. Sie kümmert sich um die Katze und die Meerschweinchen, wenn wir im Urlaub sind, gießt die Blumen und schaut nach dem Rechten, backt Kuchen und zu Weihnachten, wenn die Zeit knapp ist, auch mal Plätzchen. Es ist so schön zu spüren, dass ich nicht allein bin im Dorf. Und manchmal ratschen wir auch nur, und das tut gut.

Alle miteinander

Außerdem gibt es einige liebe Menschen, die uns mit abgelegter Kleidung versorgen, und einen Zahnarzt, der mir einmal sehr geholfen hat und kleine monatliche Ratenzahlungen akzeptierte. Den Heilpraktiker, den ich Tag und Nacht anrufen darf und der dafür noch nie eine Rechnung gestellt hat. Die Bürgermeister, die immer ein offenes Ohr für mich haben, wie auch viele Lehrerinnen und Lehrer, die sich sehr eingesetzt haben, um meine besonderen Kinder zu integrieren. Der Vermieter, der auf die Kaution verzichtete und uns ein Jahr lang Holz schenkte. Die Nachbarschaftshilfen, die unter anderem Fahrdienste organisierten. Die Tafel, die uns aushalf, als es mal knapp wurde. Und viele andere, die ein Herz für Kinder haben. Danke!

Das Kleeblatt:
Dominik, Amelie und Martin

Dominik war ein Frühchen. Er wog 1900 Gramm und passte mit seinen gerade mal achtunddreißig Zentimetern auf meinen Unterarm. Alle Plätze bei anderen Pflegemüttern, die sich auf Säuglinge oder auch Frühchen spezialisiert hatten, waren besetzt.

»Nehmen Sie auch ein so Kleines?«, fragte mich meine Sachbearbeiterin.

»Ein Frühchen hatte ich noch nie.«

»Es ist ein absoluter Notfall. Die Mutter kann sich nicht um das Kind kümmern. Und es ist auch nicht gesund und braucht sehr viel Pflege.«

»Welche Pflege?«

»Es gibt ein Lungenproblem und in einigen Wochen vermutlich eine Operation. Vielleicht auch eine Stoffwechselerkrankung, das wird sich herausstellen.«

Das war eine große Aufgabe. Ein Säugling erfordert schon viel Aufmerksamkeit, aber ein Frühchen ... und krank.

»Ja«, sagte ich.

»Am besten, Sie lernen den Jungen erst einmal kennen. Sie können dann immer noch ablehnen. Er ist im Moment noch auf der Frühchenstation im Klinikum.«

Eine Säuglingsschwester legte mir das Häufchen Elend in die Arme. So ein winziges Kindlein hatte ich noch nie berührt. Rötlich schimmerten die Adern durch seine dünne Haut. Ich glaubte sein Herz klopfen zu sehen, und es schlug schnell. Der kleine Mensch strampelte, er hatte also schon ein bisschen Kraft, und dann öffnete er seine Augen und schaute mich lang an. Sah er mich? Das war nicht wichtig, er fühlte mich, und ich fühlte ihn. Alles wurde warm und weich und flüssig, Strom floss von meinem Herzen zu seinem und zurück. Wenn ich noch ein kleines bisschen gezweifelt hatte, ob ich dieser Aufgabe gewachsen war, so war ich nun vollkommen sicher, dass dieser Säugling unter meinen linken Flügel gehörte, und das sagte ich ihm auch.

»Ich nehme dich bald mit zu mir nach Hause. Da wird es dir gut gehen, das verspreche ich dir. Ich werde alles dafür tun, dass du eines Tages stabil auf deinen eigenen zwei Beinen stehst.«

Zu Hause ergänzte ich meine fehlende Säuglingsausstattung und baute ein Nest. Ich fühlte mich wie eine frisch entbundene Mutter. Und dann standen wir zu viert um unser neues Baby. Amato, Matayo und Sabine stammelten immer wieder: »So klein, ist der winzig!«

Amato wollte wissen: »War ich genauso klein?«

»Nein, viel größer!«

Besorgt äußerte sich auch der Kinderarzt. »Was haben Sie sich denn da aufgehalst? Ich sag's Ihnen gleich, da müssen Sie mit allem rechnen, auch mit dem Schlimmsten. Machen Sie sich lieber mal drauf gefasst, dass Sie das Kind eines Tages tot in der Wiege finden.«

Ich beschloss, einen anderen Kinderarzt zu suchen.

Im Kolleginnenkreis habe ich einmal den Tod eines Kindes miterlebt. Das war für die ganze betroffene Familie eine sehr schwere Zeit und hat uns Pflegemütter alle sehr belastet. Damals habe ich mich intensiv damit auseinandergesetzt, wie ich so etwas verarbeiten könnte. Aber ich war mir nicht sicher, ob es gelänge. Vielleicht könnte ich danach keine Kinder mehr betreuen, weil ich das Gefühl hätte, einen unverzeihlichen Fehler begangen zu haben, auch wenn ich alles richtig gemacht hätte. Auch müsste ich meine Kinder auffangen, die das sicher sehr beuteln würde. Letztlich versuchte ich, mir Mut zu machen, dass das ganz sicher nicht geschehen würde. Ich tat doch alles in meiner Macht Stehende, damit es den Kindern gut ging. Doch natürlich wusste ich, dass es einen größeren Plan gibt als meine gesunde Ernährung und Fürsorge.

Nach der niederschmetternden Konsultation beim Kinderarzt stellte ich Dominik meinem Heilpraktiker vor. Er sah sich mit zweimal heulendem Elend konfrontiert.

»Was ist denn mit Ihnen los?«, fragte er, schmunzelte dann: »Wochenbettdepression?«

Die Praxis verließ ich auf Wolke sieben. Der Heilpraktiker hatte mir Mut gemacht: »Wir haben doch bis jetzt alle groß gekriegt, Frau Pein. Warum soll es diesmal anders sein?«

»Hast du gehört, was er gesagt hat?«, flüsterte ich dem kleinen Wesen zu. »Warum soll es diesmal anders sein?«

In den nächsten aufregenden Wochen schlief ich kaum, ich war mit einem Ohr immer wach und horchte, ob Dominik in der Wiege neben meinem Bett atmete. Die Ratschläge des Heilpraktikers befolgte ich alle. Und bei der nächsten Untersuchung beim Kinderarzt erkannte dieser Dominik zuerst gar nicht, so gut hatte sich der Junge erholt. Da trug ich ihm seine Bemerkung nicht mehr nach. Außerdem erhielt ich die wunderbare Nachricht, dass keine Operation nötig war.

»Viel an die frische Luft«, empfahl der Kinderarzt. »Das tut den Lungen gut.«

So fuhr ich Dominik im Kinderwagen spazieren, die Katze saß auch drin. Man drehte sich um nach mir, es war mir alles egal, ich war glücklich, weil der Junge jeden Tag kräftiger wurde. Endlich klappte es auch mit den Mahlzeiten. Anfangs war er zu schwach zum Trinken. In dieser Zeit war mir Matayo eine große Stütze. Ohne dass ich ihn gebeten hätte, übernahm er viele Tätigkeiten im Haushalt, damit ich mich um Dominik kümmern konnte. Und er interessierte sich so sehr für die Entwicklung von Säuglingen, dass er in der Berufsschule einen Vortrag über Frühchen hielt.

»Wie kommt er denn auf so eine Idee?«, fragte mich eine andere Mutter.

Und da merkte ich einmal wieder, wie viel meine Kinder auch durch unser Zusammenleben erfahren und lernen und wie sie sich in unserer Gemeinschaft entwickeln.

Einige Monate nach Dominik kam Amelie zu uns und ein halbes Jahr danach Martin, und so war das Kleeblatt komplett. Mit den drei Kleinen war ich rund um die Uhr beschäftigt, eigentlich waren sie wie Drillinge – drei liebe Wesen in ihren Betten, in der Badewanne, im Garten, bei Krabbelwettrennen, mit Grießbrei bis zu den Ohren, dreißig klebrige Fingerchen, Zähneputzen und Anziehen und Ausziehen, Windeln wechseln im Akkord und drei plappernde Kindermünder im Auto, während Pumuckl rauf und runter lief. Ich hatte sie alle sehr lieb, doch auf Dominik, das Kummerkind, schaute ich am meisten, denn um keines hatte ich so sehr gebangt wie um ihn. Er brauchte bei allem länger als die anderen Kinder, begann später zu sprechen und zu laufen. Doch er war ein sehr lieber und fröhlicher Junge, genauso wie Martin. Doch einige Jahre später geschah etwas, mit dem ich niemals gerechnet hätte. Es traf mich wie ein Blitz aus heiterem Himmel.

Die Verwandlung

Es begann schleichend. Martin war ein paar Tage schlecht gelaunt. Dann redete er nichts mehr. Dann brüllte er seine Geschwister an.

»Mama, warum spinnt der so?«, fragte Amelie mich, »was hat der?«

Vermutlich Pubertät, dachte ich und sagte: »Das gibt sich wieder.«

Es gab sich aber nicht, es wurde immer schlimmer. Martin lernte nicht mehr. Er blieb sitzen und musste eine Klasse wiederholen. Er beschimpfte die Kinder und mich. Nachts kletterte er durchs Fenster. Er schlug Türen zu, warf Gegenstände an die Wand, mit gerade mal dreizehn Jahren. Das Jugendamt ging bei uns ein und aus, viele Gespräche wurden geführt. Martin sollte zur Psychotherapie und Verhaltenstherapie, ich nahm an einem Seminar zur Pubertät teil, wir entwickelten verschiedene Lösungsansätze. Martin wurde immer wilder, zerstörte mutwillig die Sachen der anderen Kinder, tobte, brüllte, flippte völlig aus. Normale Gespräche waren nicht mehr möglich. Hätte er die vereinbarten Euros in unser »Fäkalienglas« geworfen, wäre es innerhalb von einer Stunde voll gewesen.

»Du kannst mich mal!«, »Leck mich am Arsch!«, »Mir sagt keiner was!«, »Fick dich!« – so ging es ohne Unterlass.

»So redest du nicht mit unserer Mutter!«, verlangte Matayo. Er schritt ein, wenn er etwas mitbekam, doch er war in der Berufsausbildung und selten zu Hause. Vor Matayo hatte Martin Respekt. Noch, dachte ich manchmal.

Ich befand mich in einer Art Schockstarre. Was war in meinen lieben Jungen gefahren? Ich machte mir auch Vorwürfe. Hatte ich etwas falsch gemacht? Mir fiel keine Lösung ein, so etwas hatte ich noch nie erlebt, und ich hatte schon einige Pubertäten anderer Kinder überstanden. Ich machte mir Sorgen, dass Martin auf die schiefe Bahn geraten könnte. Ich roch, dass er rauchte, und er schwänzte die Schule, traf sich mit größeren Jungs, die in keinem guten Ruf standen. Dabei war er noch keine vierzehn. Wie konnte ich ihm helfen?

Bei meinen eigenen Kindern war die Pubertät relativ harmlos verlaufen und bei den Pflegekindern sowieso, weil sie sich von mir ja nicht distanzieren mussten wie von einer leiblichen Mutter, was Sinn und Ziel dieser Phase ist. Aber Martin war von Anfang an bei mir, er hatte keine innige Beziehung zu seiner leiblichen Mutter aufbauen können, die er alle paar Wochen gesehen hatte. So betrachtet wäre sein Ausflippen fast ein gutes Zeichen. Es machte mich traurig, wenn ich mir vorstellte, dass Kinder ihre Pubertät mit angezogener Handbremse erlebten, weil sie Angst hatten, weggeschickt zu werden, sobald sie über die Stränge schlugen. Das erlebte ich einige Male bei Kindern, die nach einer Odyssee durch die Institutionen bei mir landeten. Sie hatten verinnerlicht: Meine Eltern haben mich nicht mehr lieb, weggegeben, und das kann jederzeit wieder passieren, wenn ich mich nicht anpasse. Es erfordert viel Zuwendung und Einfühlungsvermögen, um das ans Licht zu bringen und ihnen diese Angst auch zu nehmen und ihnen zu zeigen und zu sagen: Du darfst deine Persönlichkeit entfalten und wirst nicht weggeschickt.

Aber was Martin lieferte, war keine Entfaltung, sondern eine Zerstörung. Und eines Tages war es so weit, dass ich darauf tatsächlich mit dem letzten mir zur Verfügung stehenden Mittel reagierte. Diesen Satz hatte ich noch nie zu einem Kind gesagt, und als ich ihn aussprach, riss etwas in meinem Herzen: »Wenn es so weitergeht«, sagte ich zu Martin, »dann musst du hier ausziehen.«

Brüllend trat er mit den Füßen nach mir: »Das willst du doch schon immer! Glaubst du, das habe ich nicht gemerkt? Geh zum Teufel, du blöde Kuh!«

Ich war vollkommen verzweifelt. Unser Familienleben war nicht mehr aufrechtzuerhalten. Die anderen Kinder waren eingeschüchtert, liefen auf Zehenspitzen herum und machten sich unsichtbar, um keine Zornanfälle zu provozieren. Falls Martin einmal ausnahmsweise zum Essen erschien, warf er Nahrungsmittel durch die Luft oder schmiss sich selbst unter den Tisch und brüllte dort um sich tretend außer Rand und Band.

Und wenn ein Kind etwas erzählte: »Heute habe ich in der Schule …«, wie es einmal bei uns üblich war, dass man bei Tisch von seinem Tag berichtete, schrie er: »Halt's Maul!«

Was war aus dem glücklichen Kleeblatt geworden?

Heim

Auch das Jugendamt war ratlos, setzte aber noch immer auf meine große Erfahrung. Ich würde das schon irgendwie in den Griff bekommen. Doch kurz vor den Pfingstferien konnte ich nicht mehr. Ich rief meine Sachbearbeiterin an und teilte ihr mit, dass ich Martin in den Ferien nicht behalten konnte. Meine Kinder und ich brauchten Abstand. Wir waren am Ende.

Nachdem so etwas noch nie vorgekommen war, reagierte das Jugendamt prompt.

Am letzten Schultag vor den Ferien wurde Martin in eine Auffangwohngruppe gebracht. Wir schnauften erst mal durch. Wie sollte es weitergehen?

Die Kinder wollten ihren alten Martin wiederhaben. Und hatte das Jugendamt nicht prophezeit, dass diese »Kur« Wunder wirken würde?

Nach den Ferien trafen wir uns im Jugendamt. Martin war schon da, saß mit seinem Gepäck an einem Tisch, schaute uns aber nicht an. Es beruhigte mich, dass er seine Sachen dabeihatte. Wir würden jetzt einen Strich unter die Vergangenheit machen und gemeinsam nach Hause fahren. Eine Psychologin leitete das Gespräch und fragte schließlich die anderen Kinder, wie sie sich fühlten, was sie am meisten an Martin gestört hätte und was sie sich für die Zukunft wünschten. Erwartungsgemäß antworteten sie, dass sie Angst vor ihm hatten und er sich wieder normal benehmen sollte. Martin grinste frech. Dann wurde ich gefragt. Ich wollte gerade beginnen, da brüllte Martin: »Das interessiert mich nicht, was die alte Schachtel sagt.«

»Wenn das so ist«, erklärte die Psychologin, ohne auch

nur eine Sekunde zu zögern, »dann ist dieses Treffen jetzt beendet. Es ist dir ja wohl klar, dass es so für dich im Moment keinen Weg zurück gibt.«

Martin riss die Augen auf. Das war ihm nicht klar gewesen.

»Oder möchtest du dich entschuldigen?«, baute ihm die Psychologin eine Brücke.

Er verschränkte die Arme vor der Brust und blickte aus dem Fenster.

Eine schwere Zeit begann für mich. Während die Kinder sichtlich aufatmeten und sich schnell erholten, fühlte ich mich entsetzlich, zumal Martin nach mehreren Anlaufstellen in einem Heim landete. Anfangs durfte er uns noch besuchen, doch das ging nicht gut. Dann kam es zu Besuchen unter der Aufsicht des Jugendamts, und schließlich wurde beschlossen, es mit einer Kontaktsperre zu versuchen, bis er sich in dem Heim eingewöhnt hätte. Ich bekam mit, dass er machte, was er wollte, und das war alles keine Entwicklung, die mich mit Zuversicht erfüllte.

Bis heute schmerzt es mich, dass meine Bemühungen um dieses Kind nicht erfolgreich waren. Doch jedes Kind ist ein eigener Mensch, und wir müssen akzeptieren, dass wir mit unserer Fürsorge und Anleitung immer nur Angebote machen können, ob als Eltern oder Pflegeeltern. Manchmal werden unsere Angebote abgelehnt. Das ist sehr, sehr traurig, aber es gehört zum Leben dazu – genauso wie der Blick auf all das Schöne, das gelungen ist und uns die Kraft gibt, es immer wieder zu versuchen.

Vater unbekannt

»Wer ist mein Vater?«, fragte Sarah immer wieder.

Sarahs Mutter konnte sich nicht entscheiden. Zuerst war er ein Prinz, dann im Himmel, dann wollte er nichts von Sarah und ihrer Mutter wissen. Aber je älter Sarah wurde, desto dringender wollte sie selbst es wissen. Ab ihrer Pubertät kam das Thema Vater bei den sechswöchentlichen Treffen mit ihrer Mutter immer wieder auf den Tisch. Die Mutter wand sich. Warum? Ich merkte, wie sehr das Mädchen unter der Ungewissheit litt, was vor allem daran lag, dass ihre Mutter ihre Angaben so oft änderte. Wäre sie von Anfang an bei einer Geschichte geblieben, hätte Sarah womöglich gar keinen Verdacht geschöpft, dass da etwas nicht stimmen könnte.

Auf ihrer Geburtsurkunde stand, wie sie selbst herausgefunden hatte, »Vater unbekannt«. Und das ließ Sarah nicht mehr los, immer wieder fragte sie mich, was das bedeuten könne. Ich wollte mich nicht einmischen, aber eines Tages fragte ich dann doch bei Sarahs Mutter nach, die ich schon lange kannte und zu der ich ein vertrauensvolles Verhältnis pflegte. Zögernd erzählte sie mir schließlich von Farid, Sarahs Vater. Sie hatte ihn im Urlaub in Ägypten kennengelernt und sich unsterblich in ihn verliebt. Sie fand eine Stelle als Koch für ihn in Deutschland und besorgte alle nötigen Papiere, das dauerte zwei Jahre. Doch Farid fühlte sich in Deutschland nicht wohl, es gab viele Probleme in der Beziehung, sie merkten beide, dass sie nicht zusammenpassten, und trennten sich. Erst als Farid wieder in Ägypten war, spürte Sarahs Mutter ihre Schwangerschaft. Sie beschloss, das Kind allein großzuziehen.

»Er weiß also gar nichts von Sarah?«, fragte ich.

»Doch«, sagte die Mutter und brach in Tränen aus. »Ich habe alles falsch gemacht, ich weiß.«

»Wann haben Sie es ihm denn gesagt?«

»Vor zehn Jahren. Oder vor fünf. Ich weiß nicht.«

»Und wie hat er reagiert?«

»Er hat eine neue Familie und fünf Kinder.«

»Sarahs Halbgeschwister.«

»Ja. Und ich weiß, dass ich ihr das sagen muss, aber wenn ich es ihr jetzt sage, dann mag sie mich noch weniger, wo ich doch schon nicht gut für sie sorgen kann.«

Ich nahm Sarahs Mutter in die Arme. Ich konnte sie gut leiden, doch es erwies sich immer wieder, dass sie mit ihrem eigenen Leben völlig überfordert war. Sie hatte ein schweres Schicksal, litt an Morbus Crohn, einer entzündlichen Darmerkrankung – und das mit Mitte dreißig. Gesundheitlich angeschlagen, konnte sie nicht arbeiten, dennoch versuchte sie in guten Zeiten immer wieder, beruflich Fuß zu fassen.

Kurz nach diesem Gespräch klingelte eine unbekannte Rufnummer bei mir an, und eine fremde Stimme sagte in gebrochenem Deutsch: »Ich bin Farid. Ist meine Tochter bei Ihnen?« Dann wurde der Hörer weitergereicht an einen Mann, der besser Deutsch sprach, ein Freund Farids. Er erklärte mir, dass Farid gern mit seiner Tochter sprechen und sie auch in Deutschland besuchen wollte. Wann Sarah zu sprechen sei? »Heute Abend um sieben«, sagte ich.

Sarah konnte die Nachricht kaum fassen. Sie riss die Augen auf, zitterte am ganzen Körper, lachte und weinte gleichzeitig, und es kam mir so vor, als würde in diesen Minuten der aufbrechenden Gefühle der ganze Kummer eines vaterlosen Kindes explodieren. Und dann bestürmte sie mich. Ob er sie vermisst hätte, was er genau gesagt hätte, wie seine Stimme geklungen habe, ob ich ihn sympathisch gefunden hätte, was ich für einen Eindruck von ihm hätte. Jede Frage ein Ausdruck ihrer Hoffnung und Überschrift für die unzähligen Fragen, die sich im Lauf ihres vierzehnjährigen Lebens angesammelt hatten.

Sarahs erstes Telefonat mit ihrem Vater dauerte keine zehn Minuten, was an den Verständigungsproblemen lag. Sein Deutsch war sehr schlecht, Englisch konnte er nicht. Nichtsdestotrotz schwebte Sarah auf Wolke sieben. Sie hatte einen Vater! Der Vater war echt! Er hatte eine Stimme! Es gab eine Telefonnummer! Er hatte ihr gesagt, wie sehr er sie vermisste. Sarah war überglücklich und begann, ihren Vater zu idealisieren. Er sah aus wie ein Hollywoodstar, wohnte in einem Palast, hatte mehrere Autos und war der wunderbarste und tollste Mensch der Welt. Ihre Vorstellungen entbehrten jeder Grundlage, und die schuf der Vater auch in den folgenden nun regelmäßig stattfindenden wöchentlichen Telefonaten nicht. Sein Deutsch blieb schlecht, er erzählte nichts von sich. Bei WhatsApp sah Sarah ihn zum ersten Mal und war sehr enttäuscht. Ihr Vater war ein alter Mann. Natürlich, er war Mitte dreißig, so wie ihre Mutter. Aber er hatte gar keine Haare mehr, und eine Brille trug er auch. Sarah war ihm wie aus dem Gesicht geschnitten, wenngleich ihr Haar bis zur Taille wallte.

Viele Fotos wurden nun hin- und hergeschickt. Sarah fotografierte ihr Zimmer, ihre Freundinnen, uns, ihre Gitarre, ihren neuen Anorak, ihr Schulzeugnis. Farid schickte Fotos von Blumen und Herzen und darunter stand: *Ich vermisse dich. Ich liebe dich. Wann kommst du? Wie geht es Ihnen?* Von seinen persönlichen Lebensumständen erfuhren wir nichts, sodass Sarah viel Spielraum hatte, sie sich auszumalen. Aber eines Tages genügte ihr das nicht mehr. Jetzt hatte sie einen Vater, aber sie wusste kaum etwas von ihm, und egal, was sie fragte, er antwortete nicht darauf, schickte nur Herzchen und Blümchen und Beteuerungen.

Ein halbes Jahr nach dem ersten Telefonat kündigte der Vater seinen Besuch in Deutschland an. Sarah wurde knallrot und dann kalkweiß und brachte keinen Ton mehr heraus. Sah so Freude aus? Dann warf sie sich mir in ihrem Gefühlsstrudel der Pubertät in die Arme. »Ich hab Angst!«

»Ich weiß«, sagte ich. »Aber das schaffen wir. Und du musst ihn auch nicht alleine treffen. Ich begleite dich natürlich.«

Das Jugendamt wollte auch mit und schlug eine Erstbegegnung mit einer Sachbearbeiterin vor, und so trafen wir uns zu viert im Amt, nein, zu fünft, Sarahs Vater hatte einen Dolmetscher organisiert.

Endlich standen sich Vater und Tochter gegenüber, die sich unzählige Male per WhatsApp versichert hatten, wie sehr sie sich liebten und vermissten. Steif streckte Sarah ihre Hand aus. Ebenso steif schüttelte Farid sie. Mein Mädchen war ganz sicher gewesen, dass sie ihm um den Hals fallen würde. Aber alle ihre Gefühle und Vorstellungen galten dem Vater in ihrer Fantasie. Dieser

Mann war ein Fremder für sie. Und so blieb es, obwohl sie ihn noch fünfmal traf und er am Ende seines Deutschlandbesuchs auch die Vaterschaft anerkannte. Allerdings frustrierte es ihn, dass Sarah seinen ägyptischen Familiennamen ablehnte.

»Das war doch richtig, oder, Mama?«, fragte sie mich auf der Heimfahrt immer wieder.

»Ja. Deiner ist auch viel leichter zu buchstabieren.« Ich war stolz auf Sarah, weil sie sich nicht hatte breitschlagen lassen, in letzter Sekunde auf dem Standesamt. Farid hatte ein wenig Druck gemacht und gesagt, sie sei doch schließlich seine Tochter.

»Ich hätte den Namen ja nicht mal richtig aussprechen können. Und ich hätte mir nur Nachteile eingehandelt. Mit so einem Namen bekommt man viel schwerer eine Wohnung und einen Job.«

»Leider ist das so.«

»Glaubst du, er ist beleidigt?«

»Das weiß ich nicht.«

»Ich weiß es auch nicht. Eigentlich kenne ich ihn genauso wenig wie vorher, nur wusste ich vorher nicht, dass ich ihn kennen könnte.«

Vertrauen ist ein sehr empfindliches Pflänzchen, und es entsteht nicht über Nacht, will gehegt und gepflegt werden. Es wächst, weil du wiederkommst. Weil du mich nicht im Stich lässt. Weil du da bist, wenn ich dich brauche. Weil ich mich mit dir wohlfühle. Weil ich spüre, dass du mein Bestes willst. Weil du mir wohlgesinnt bist. Weil ich mich auf dich verlassen kann. Weil dein Verhalten für mich berechenbar ist. Weil du zuverlässig bist. Weil du deine Versprechungen einhältst, und ich spüre, dass du mich magst. Deshalb vertraue ich dir.

Ich habe mich oft gefragt, wie Erwachsene auf die Idee kommen, dass sie einfach so bei ihren Kindern auftauchen können, um die sie sich jahrelang nicht gekümmert haben, und dann enttäuscht sind, weil das Kind fremdelt. Nun, Farid ist kein Vorwurf zu machen, er wusste lange nicht, dass er eine Tochter hatte. Doch ich habe einige Male erlebt, wie wenig einfühlsam und egoistisch lang verschollene Väter reagierten. Auch wenn sie beispielsweise im Gefängnis sitzen und ihren Kindern schreiben. Sie malen Herzen, und ihre Briefe strotzen von Liebesbekundungen. Meine Prinzessin, mein Augenstern, mein Ein und Alles. Doch im Grunde genommen interessieren sie sich nicht für ihre Kinder. Aber die Kinder sollen sich für sie interessieren, und wenn sie sich sehen, sollen die Kinder all das liefern, was die Väter erwarten. Sie sollen jubelnd auf den Papa zulaufen, ihm in die Arme springen, mit ihm schmusen und ihn über alles lieben. Doch wovon hätte sich diese Liebe nähren sollen? Kinder sind nicht auf Knopfdruck an- und auszuschalten, und wenn manche Väter das merken, verlieren sie schnell das Interesse, und das ist für die Kinder dann ganz fürchterlich. Jetzt haben sie den Papa endlich gefunden, sie sind voller Fragen und freuen sich auf ein allmähliches Kennenlernen, da wendet der Vater sich schon wieder ab. Das Kind glaubt, es liegt an ihm. Es versteht ja nicht, dass der Vater es gar nicht sieht, sondern nur seine Idealisierung eines Rama-Glücks. Und dann stehen beide voreinander mit Bildern im Kopf, die sie nicht in ihre Herzen bekommen. Traum und Realität der Eltern-Kind-Beziehung klaffen weit auseinander.

Das musste auch Sarah sehr schmerzlich begreifen. Sie hat heute noch Kontakt mit ihrem Vater, aber sie schickt keine Herzchen mehr, sondern berichtet ihm gelegentlich aus ihrem Leben. Er vermisst und liebt sie nach wie vor über alles und sendet Herzchen und Blümchen. Neulich hat sie geschrieben, dass ihr ein paar Winterstiefel lieber wären. Das hielt ich für einen guten Schritt in ihre gemeinsame Zukunft, denn es dauerte Wochen, bis Sarah nach der Abreise ihres Vaters wieder eine innere Balance fand.

Sarahs Mutter machte sich Vorwürfe. »Ich hätte besser schweigen sollen, oder?«, fragte sie mich.

»Nein«, antwortete ich. »Jeder Mensch hat ein Recht darauf, seine Eltern zu kennen.«

Rabenmütter

Ist es nicht schrecklich, höre ich manchmal, was für eiskalte Mütter es gibt? Man kann sein Kind doch nicht im Stich lassen!

Wie kann man sein Kind nur so schlecht behandeln! Was sind das nur für Menschen?

Es sind zuerst einmal zwei Menschen, Mann und Frau, Mama und Papa. Idealerweise lieben sie sich und freuen sich auf das Kind. Dann geschieht irgendetwas, das zu einer Trennung führt, und das Kind bleibt in der Regel bei der Mutter. Leider vergessen manche Väter ihre Verantwortung für das Kind. Sie haben keine Zeit, schieben Arbeit vor, bezahlen keinen Unterhalt, kümmern sich nicht, haben eine Freundin, eine neue Frau, gründen eine neue Familie, vergessen nun auch das Kind. Verzeihung, liebe Väter, die ihr für eure Kinder sorgt, aber da müsst ihr jetzt einfach mal durch. Denn es ist bundesdeutsche Realität: Viel zu oft steht die Frau mit den Kindern allein da. Je nachdem, wie stark ihre eigenen Wurzeln sind, wie sie finanziell gestellt ist und je nach ihren Lebensumständen kommt sie alleinerziehend gut klar. Manche schaffen es aber auch nicht, und wenn eine Frau selbst schon wacklig in ihrem Leben stand, ist sie mit dem Kind, für das sie nun allein verantwortlich ist, überfordert, und sobald sie scheitert, ist sie die Böse, die Rabenmutter. Als würden die Mütter, die ihre Kinder einer Pflegemutter wie mir anvertrauen, nicht darunter leiden. Ich habe noch keine Mutter erlebt, die froh war, ihre Kinder los zu sein. Aber wenn sie sieht, dass die Pflegefamilie ihrem Kind guttut, erleichtert es sie vielleicht. Denn auch diese Mutter wünscht das Beste für ihr Kind, was sie aber im Moment selbst nicht geben kann, da es in ihrem eigenen Leben so wenig Gutes gab.

Auch ich war eine alleinerziehende Mutter, und ich brachte unsere Familie durch, indem ich für das Jugendamt arbeitete. Hätte mein Mann mich nicht verlassen, wäre ich vielleicht niemals zur Pflegemutter geworden, sondern einem anderen Beruf nachgegangen.

Alleinerziehende Mütter leisten nicht fünfzig, sondern hundert Prozent Erziehungsarbeit. Sie müssen je nach Engagement des Vaters, das im Gegensatz zu dem ihren als lobenswerte Leistung anerkannt wird, vieles allein entscheiden. Welcher Kindergarten, welche Ernährung, welche Ärzte, alles lastet auf ihnen. Sie haben keinen Partner im Alltag, der dem Kind gegenüber in der gleichen Verantwortung steht, mit dem sie das Für und Wider von wichtigen Fragen erörtern oder eine klare Linie in der Erziehung finden können. Vielleicht springen Großeltern ein oder Freunde, doch sie alle stehen dem Kind nicht so nah wie sein Vater. Müsste man diese Mütter nicht erst recht stützen? Sie sind oft von morgens bis abends auf Trab, um die Kinder und ihren Beruf unter einen Hut zu bringen. Vielleicht wollen sie gar nicht arbeiten, aber sie müssen, weil das Geld nicht reicht. Und so leben sie in einem schmerzhaften Spagat, sind immer zerrissen. Und sie genügen nie. Sie möchten häufiger für das Kind da sein, in der Arbeit mehr leisten oder interessantere Projekte bekommen, aber sie werden überall als halb wahrgenommen, für die Vollzeitmütter sind sie keine richtigen Mütter, für die Kollegen keine richtigen Kolleginnen, es fehlen immer fünfzig Prozent in Gestalt des Vaters, der aber von der Gesellschaft häufig ausgeblendet wird. Die Vorwürfe treffen vor allem die Mütter – wobei Rabenvögel übrigens sehr fürsorgliche Mütter sind.

Kalter Entzug

Ich konnte dem Säugling nicht helfen, und das zerriss mir schier das Herz. Allein die Zeit würde ihm helfen können, doch wie tief seine Wunden waren, wäre noch lange ungewiss. Nach und nach, so hatten die Ärzte es mir gesagt, würden die Krämpfe und Schmerzen weniger werden. Ich konnte nichts tun, außer seine winzig kleine Faust in meiner Hand zu bergen. Ihn zu streicheln. Für ihn zu singsangen. Sascha war drei Wochen alt und drogenabhängig. Kalter Schweiß bedeckte seinen ausgemergelten Körper. Oft zitterte er unkontrolliert, sein Leib krümmte und verrenkte sich in erbärmlichen Haltungen. Die Krämpfe kosteten ihn alle seine Kräfte, und viele hatte er nicht mehr. Doch die Ärzte hatten mir versichert, er würde es schaffen. Aber es wäre eine harte Zeit. Deshalb hatte das Jugendamt mich gefragt, ob ich mir das zutrauen würde, da ich ja schon so einiges gewohnt war. Ja, das mochte sein, aber so etwas war auch mir neu, und manchmal spürte ich die Schmerzen des kleinen Menschleins am eigenen Leib. Doch ich verstand sie. Ich wusste, woher sie kamen. Bis zur Geburt hatte seine Mutter Heroin konsumiert, zum Glück nur Heroin, hatte eine Ärztin gesagt, Crystal Meth sei schlimmer.

Doch Sascha wusste das alles nicht. In welche Hölle war er da hineingeboren worden, ja, aus welcher kam er, denn auch die Gebärmutter war für diesen Jungen kein Ort des Friedens gewesen, hier war er angefixt worden über den Blutkreislauf seiner Mutter, in dem die Drogen zirkulierten. Drogen, die er brauchte wie die Luft zum Atmen. Und wenn er sie nach der Geburt nicht von den Ärzten bekommen hätte, wäre er gestorben. Sascha sollte Methadon erhalten, einen Drogenersatz; die Dosis sollte verringert werden, bis das Kind clean war. Doch er vertrug das Methadon nicht.

»Er muss den kalten Entzug aushalten. Eine andere Möglichkeit gibt es nicht«, sagten die Ärzte.

»Schaffen Sie das wirklich, Frau Pein?«, fragte die Sachbearbeiterin vom Jugendamt.

Ich nickte. Diese Frage stellte sich nicht für mich. Ich hatte meinen linken Flügel bereits aufgeklappt und nahm das kleine Menschlein entgegen, bettete es an mein Herz.

»Der Herzschlag ist manchmal unregelmäßig«, erklärte der Arzt. »Aber das ist normal.«

Ich spürte mein eigenes kräftig schlagen. Für dich, kleines Menschlein. Komm in meinen Takt, lass uns unseren finden, schlag mit mir.

Plötzlich ging die Tür auf, und eine Krankenschwester brachte eine junge Frau herein.

»Das ist Saschas Mutter«, stellte die Sachbearbeiterin uns vor. »Sie wollte sich noch verabschieden.«

Die junge Frau hatte nur Augen für ihren Sohn. Sie sah so elend aus – war sie überhaupt schon achtzehn? –, dass mein rechter Flügel ebenfalls zuckte. Am liebsten hätte ich sie auch noch unter meine Fittiche genommen. Doch dafür war ich nicht zuständig. Immerhin hatte ich gehört, dass sie eine Therapie machen wollte, die dritte. Es muss unglaublich schwer sein, von den Drogen loszukommen. Grauenvolle Schmerzen. So wie der kleine Sascha sie nun aushalten musste. Aber er hatte sich nicht dazu entschieden, wie diese junge Frau irgendwann einmal.

Sein Entzug konnte Wochen dauern. Gab es einen schlimmeren Start ins Leben? Seine Mutter konnte ihn nicht stillen. Seit sie vierzehn Jahre alt war, spritzte sie Heroin. Sie war von zu Hause weggelaufen, als ihr Stiefvater ihr nachstellte. Ihre Mutter war traumatisiert. Konnte ich dieser jungen Frau Vorwürfe machen? Nein. Und so wie sie aussah, machte sie sich selbst genug. Keiner wusste, wie nachhaltig Saschas Körper von den Drogen geschädigt war. Würde er jemals laufen können? Würde er ein normales Kind werden? Das alles war ungewiss. Ach ja, wo war eigentlich Saschas Vater? »Im Gefängnis«, sagte die Sachbearbeiterin.

Ein Gläschen in Unehren

Fatale Auswirkungen zeigt auch Alkoholkonsum in der Schwangerschaft. Er verursacht bei Ungeborenen mehr neurologische Schäden als Heroin und ist laut der Weltgesundheitsorganisation WHO die häufigste Ursache einer geistigen Behinderung in der westlichen Welt. Das

Fetale Alkoholsyndrom, kurz FAS, ist weitverbreitet, und doch haben viele noch nie davon gehört, was vielleicht daran liegt, das Alkohol zu den erlaubten Genussmitteln zählt. Jedoch riskiert eine schwangere Frau, die Alkohol trinkt, bereits bei geringen Mengen gravierende Entwicklungsstörungen des Kindes. Alkohol gelangt über die Plazenta unmittelbar in den Blutkreislauf des ungeborenen Kindes. Das Kind »trinkt« mit und ist ebenso alkoholisiert wie die Mutter. Da Alkohol ein Zellteilungsgift ist, stört er die Entwicklung der inneren Organe, insbesondere des Gehirns und des Nervensystems. An den Folgen leidet ein Kind lebenslang.

Eine zulässige Alkoholmenge, deren Konsum für das Kind risikolos wäre, gibt es nicht, sondern nur eine Konsequenz: Keinen Tropfen Alkohol während der Schwangerschaft!

Lediglich bei kleinen Kindern lässt sich FAS oft anhand von Gesichtsmerkmalen erkennen. Eine zu schmale Oberlippe, eine kurze Spalte zwischen den Augenlidern, eine abgeflachte Rinne zwischen Nase und Mund. FAS-Kinder sind häufig kleiner und leichter als Gleichaltrige. Besonders auffällig ist der zu geringe Kopfumfang. Wenn die Kinder größer werden, verschwinden diese Merkmale. Irgendwann wird das FAS fast unsichtbar, aber psychosoziale Defizite bleiben. Ein geregelter Alltag überfordert diese Menschen ebenso wie eine ordentliche Haushaltsführung, Papierkram oder Verabredungen einzuhalten. Achtzig Prozent der Betroffenen verlassen die staatliche Fürsorge niemals, können auch als Erwachsene nur mit Unterstützung leben. Viele landen in Wohngruppen, auf der Straße, in Notunterkünften, kommen ins Gefängnis oder in die Psychiatrie. Zerstörte Leben wegen eines Gläschens zu viel.

Zirka 6000 FAS-Kinder werden jährlich in Pflege- und Adoptivfamilien vermittelt. Die Dunkelziffer ist deutlich höher, denn leibliche Eltern lassen ihr Kinder in der Regel nicht auf FAS untersuchen. Übrigens leiden FAS-Kinder auch unter ADHS, und das ist eine verhältnismäßig schonende Diagnose, denn dabei muss sich keine Frau eingestehen, dass sie für die Erkrankung ihres Kindes verantwortlich ist.

So etwas macht mich unendlich traurig. Doch dann versuche ich, mein Bestes zu geben und dem Kind zu helfen, so gut ich kann. Den kleinen Sascha konnte ich nach einem Dreivierteljahr drogenfrei »entlassen«. Was aus ihm geworden ist, weiß ich nicht.

Kinder brauchen Zeit:
Anna

Die dreizehn Monate alte Anna kam zuerst als Kurzzeitpflegekind zu mir, weil sich ihre schwer kranke Mutter nicht um sie kümmern konnte und die Bereitschaftspflege bei ihrer bisherigen Pflegemutter endete. Bereitschaftspflege wird besser bezahlt als Kurzzeitpflege. Anna wirkte völlig verstört und trug ihren ganzen Besitz am Leib, eine Windelhose, eine Strumpfhose, ein T-Shirt. Keine Socken, kein Teddybär; ein Fläschchen mit genau einer Mahlzeit. Ich schämte mich für meine Kollegin, die Pflegemutter, die das Kind so armselig losgeschickt hatte. Ist es nicht eine Freude, die Kinder, die man eine Weile gepäppelt hat, gut ausgestattet und hoffentlich mit einem Speckgürtel um die Seele weiterzureichen? Den musste Anna erst einmal bilden, und das machte sie prima.

Nach wenigen Wochen, als die Sachbearbeiterinnen im Jugendamt sahen, wie gut Anna sich entwickelte, wurde beschlossen, dass ich dieses kleine Mädchen langfristig behalten sollte. »Wenn Sie möchten, Frau Pein.« Ob ich wollte? Vor Freude weinte ich, weinten wir. Wir alle liebten die kleine Anna. Sie passte wunderbar in unsere bunte Familie, meine großen Mädchen waren ganz verrückt nach ihr. Alle verstanden sich, besonders einem meiner schwierigsten Kinder tat Annas Gegenwart gut. Der elfjährige frühpubertierende Alexander entdeckte Beschützergefühle in sich, er war Annas großer Bruder! Ich hatte mir Sorgen um ihn gemacht, doch nun hatte das kleine Mädchen etwas in ihm geweckt, und er schien die Kurve zu kriegen. Denn es ist ja nicht so, dass Kinder einen schlechten Einfluss aufeinander haben, nein, sie können sich auch sehr guttun, und ich glaube kaum, dass ich so viel vorbildliche Integration geschafft hätte ohne mein Team.

Mit der Perspektive »langfristig« durfte ich Anna auch anders behandeln. Es war mir schwergefallen, einen gewissen Abstand aufrechtzuerhalten bei diesem besonders reizenden, lieben Mädchen. Wir verbrachten einen wunderschönen Sommer. Mit Anna waren wir komplett, unser Familiengefüge rund. Die Akten der älteren Kinder, die bei mir lebten, trugen den Vermerk langfristig. Vorerst mussten wir keine Umstrukturierungen durch Neuzugänge oder Verabschiedungen befürchten, wir konnten entspannt zusammenwachsen und würden voraussichtlich zusammenbleiben, bis die Kinder ihre Ausbildungen beendet hatten. Doch dann erhielt ich einen Anruf, der einschlug wie eine Bombe: »Bitte bereiten Sie Anna vor, wir haben eine Langzeit-Pflegefamilie für sie gefunden. Wir holen sie morgen ab.«

Ich war so perplex, dass ich zuerst gar nichts sagen konnte. Ich hatte kein Recht an Anna. Das Jugendamt entschied über ihre Bleibe und bevorzugte Ehepaare, weil das die finanzielle Versorgung der Pflegemutter sicherstellte. Plötzlich hieß es außerdem, dass Anna bei einer jüngeren Pflegemutter besser aufgehoben wäre.

Ich bin als Mutter zu alt und werde ausgemustert?, fragte ich mich selbst.

Am nächsten Tag wurde Anna abgeholt und nach vier Stunden wiedergebracht. Sie wirkte verstört wie ganz zu

Beginn. Natürlich war sie zu klein, als dass ich sie hätte fragen können, was in ihr vorging. Doch eigentlich musste sie nichts sagen. Ich sah es deutlich: Dem Kind ging es nicht gut. Und das teilte ich dem Jugendamt auch mit. Dennoch hieß es, ich müsse mich mit der Entscheidung abfinden. So bereitete ich die Kinder auf den bevorstehenden Abschied vor, der sich wie eine Wolke auf unser Haus senkte. So eine Anteilnahme hätte ich nicht erwartet, oder spiegelten sie mir meine eigene Trauer? Was war das Besondere an Anna? Ich fand keine Antwort, manchmal passt man eben besonders gut zusammen. Niemand konnte Anna fragen, was sie sich wünschte. Sie wurde abgeholt und gebracht. Nach nur drei Begegnungen sollte Anna endgültig zu ihrer neuen Familie ziehen. Ich hatte keine Möglichkeit, mich dem zu widersetzen.

In der Regel lernen sich Kind und Pflegeeltern über einen längeren Zeitraum kennen, ehe man das Kind aus seiner gewohnten Umgebung nimmt. Gerade ein so sensibles Kind wie Anna konnte man nicht aus seiner vertrauten Welt reißen, ohne tiefe und vielleicht unheilbare Wunden zu hinterlassen. Zumal Anna ja bereits traumatisiert war. Sie war vor mir schon bei zwei anderen Pflegemüttern gewesen. Es fiel mir enorm schwer, die behördlichen Beschlüsse hinzunehmen. Dann geschah etwas, was mir zuerst wieder Hoffnung gab, denn die Pflegeeltern wollten Anna nun doch nicht. Durfte sie bei uns bleiben? Nein, das Jugendamt suchte abermals eine Pflegefamilie, und es wurde eine erneute Anbahnung, nun mit mehr Zeit, veranlasst. So begann der Abschied von Anna von vorne. Hin und wieder beobachtete ich ein Kind mit Anna auf dem Arm, als würde das Mädchen gleich weggerissen. Es wurde sehr viel geweint. Ich glaube, dass die Kinder in Anna zum Teil sich selbst sahen. Annas Schicksal bewegte sie so sehr, weil sie gespiegelt bekamen, was sie vergessen hatten: dass auch sie jederzeit abgeholt werden konnten. Das war für alle sehr schlimm und verunsicherte die Kinder extrem, auch gute Schläfer kamen in dieser Zeit nachts in mein Zimmer, litten an Albträumen. Ihre sichere Welt war ins Wanken geraten.

Anna wurde zuerst zweimal, dann dreimal wöchentlich zu ihrer neuen Pflegefamilie gebracht, gelegentlich begleitete ich sie, und die neuen Eltern kamen auch zu uns. So soll das Kind ganz allmählich in sein neues Leben hineinwachsen. Bedenkt man, welchen großen Einfluss unsere frühen Erfahrungen auf unser späteres Leben nehmen, ist eine geglückte Anbahnung von enormer Bedeutung für ein sicheres Bindungsverhalten und vertrauensvolle Beziehungen. Schließlich blieb Anna eine Nacht bei den neuen Eltern, dann ein ganzes Wochenende. Das Kind veränderte sich sehr. Ich würde nicht sagen, dass es die neuen Pflegeeltern nicht mochte. Aber es war zu klein, und durch seine Vorgeschichte war es der Situation nicht gewachsen. Anna hielt die Spannung nicht aus, die Gefühle aller Beteiligten, die sie ja aufnahm. Mehrmals erlebte ich, wie sie ihren Kopf mit voller Wucht an die Wand schlug, sich die Seele aus dem Leib brüllte. Es war entsetzlich. Und ich konnte nichts tun. Ja, ich konnte sie festhalten, doch ich durfte sie nicht mehr unter meinen Flügel schieben. Sie musste jetzt, viel zu früh, selbst fliegen in ihre neue Familie. Aber bei diesem Kind machte ich mir große Sorgen. Würde es heil ankommen oder abstürzen?

»Mama, ist das jetzt so schlimm, weil es vorher so

schön war?«, fragte Alexander. Der große Bruder schämte sich seiner Tränen nicht.

»In der neuen Familie hat es Anna bestimmt auch schön«, sagte ich.

»Das glaub ich nicht«, sagte er. »Weil ich doch dann nicht mehr auf sie aufpassen kann.«

Schließlich sah ich keine andere Lösung mehr, als das Jugendamt zu bitten, die endgültige Trennung zu beschleunigen, weil meine Familie und ich Annas Leid nicht mehr mitansehen konnten. Aber ich wollte Anna sehr gern helfen, sich in ihrem neuen Leben zurechtzufinden und noch eine Weile in Kontakt mit ihr bleiben. Doch ihre neuen Pflegeeltern bevorzugten einen klaren Schnitt.

So etwas halte ich aus tiefster Überzeugung für falsch. Ich glaube, dass es besser für die Kinder ist, wenn sie die Verbindung zu ihrer Herkunftsfamilie und auch zu einer Pflegemutter nach eigenem Bedürfnis bewahren können. Vielleicht wollen sie irgendwann keinen Kontakt mehr. Aber dann haben sie das selbst entschieden, es wurde nicht über ihren Kopf, über ihr Herz hinweg beschlossen. Ich habe genug Kinder kennengelernt, denen so etwas widerfahren ist, und sie hatten Probleme mit Beziehungen und Abschieden. Worauf kann man sich im Leben verlassen, wenn man so früh lernt, dass das Schöne jederzeit enden kann? Ein Kind versteht nicht, dass das Jugendamt entschieden hat. Es glaubt, dass Mama es nicht mehr lieb hat, egal ob das die leibliche Mutter oder die Pflegemutter ist. *Ich bin ein böses Kind. Mit mir stimmt was nicht. Mama hat mich nicht mehr lieb und dann hat sie mich weggegeben.* Diese Leerstelle im Leben hatte ich Anna ersparen wollen.

Annas Geschichte beschäftigte mich noch lange. Ich fragte mich auch, wie meine Zukunft aussah. Ich war seinerzeit sechsundfünfzig Jahre alt und finanzierte unser Leben durch die Belegungen des Jugendamtes. Wenn ich keine Kinder mehr aufnehmen dürfte, könnte ich das Haus nicht halten. Ich hatte keine Ersparnisse. Ab dem nächsten Frühling wären wir nur noch zu dritt, ab dem Herbst zu zweit, meine Schützlinge wurden flügge oder würden in ihre Herkunftsfamilien zurückkehren, so der Plan des Jugendamts. Und dann? Da ich als Pflegemutter kein Gehalt bezogen hatte, sondern Pflegegeld, war ich nie eine sozialversicherte Arbeitnehmerin und konnte mit keiner Rente rechnen. Welche Perspektiven hatte ich?

»Sie könnten halbtags arbeiten gehen«, riet man mir.

In einem Brief schilderte ich meine Lage der Chefin des Jugendamtes und erhielt eine kurze Eingangsbestätigung mit dem Vermerk, dass sie demnächst in den Ruhestand versetzt werde, ihre Nachfolgerin würde sich melden. Das tat sie aber nicht, und abermals klopfte ich, lästige Pflegemutter in mittlerweile existenzbedrohender Sorge, an und fragte nach. Denn mit zwei Kindern würde ich das Haus nicht finanzieren können. Ich müsste ganztags arbeiten, doch dann hätte ich zu wenig Zeit für die Kinder. Und als was sollte ich arbeiten? Ich konnte doch nur eins wirklich gut: Mutter. Aber ich versuchte es. Ich bewarb mich auf verschiedene Stellen als Kassiererin, Verkäuferin, Buchladenaushilfe. Ich wurde nicht einmal zu einem Vorstellungsgespräch eingeladen. Vielleicht Fahrdienste? Regaleinräumen? Putzen? Aber könnte ich so genug Geld verdienen für die Kinder und ihre Therapien und das Haus und mich? Zudem machte das Auto komische Geräusche. Wohin sollte ich ziehen? In eine Dreizimmerwohnung? Wer würde mir etwas vermieten, einem … Sozialfall … aussichtslos!

Die Nachfolgerin der Vorgängerin im Jugendamt bestätigte den Erhalt meiner Anfrage und teilte mir mit, dass sie sich melden würde, wenn sie sich eingearbeitet hätte. Wieder zogen Wochen ins Land. Im Radio hörte ich eine Rede des bayerischen Landesvaters. Horst Seehofer pries sein Herz für Kinder. Vielleicht war er der richtige Ansprechpartner?

»Sehr geehrter Herr Ministerpräsident«, schrieb ich und schilderte die Situation von uns Pflegemüttern. Denn ich bin ja kein Einzelfall. Aber auch der Ministerpräsident hatte keine Zeit für mich.

Auf einem Pflegemütter-Treffen lernte ich eine Kollegin mit zweiundsiebzig Jahren kennen.

»Sie bekommen noch Kinder vom Jugendamt? In Ihrem Alter?«, staunte ich.

»Neue nehme ich nur noch in Notfällen in Bereitschaftspflege. Aber die Kinder, die jetzt bei mir sind, die will ich flügge kriegen. Und ich wüsste nicht, was dagegenspricht, so lange ich fit bin.«

»Mein Jugendamt hält mich jetzt schon für zu alt«, seufzte ich.

»Dann sollten Sie sich vielleicht ein anderes suchen«, sagte die Frau und schrieb mir die Telefonnummer ihres Jugendamtes auf. Jeder Landkreis und jede Stadt hat eigene Ämter. »Melden Sie sich da mal. Ich weiß, dass meine Sachbearbeiterinnen dringend Pflegemütter suchen.«

Und genauso war es.

Wer ist der Bestimmer?

»Wie schaffst du das alles?« Die Frage ist mir schon oft gestellt worden, und ich sage meistens: Indem ich eins nach dem anderen mache. Ich plane nicht groß voraus, ich kümmere mich um das, was aktuell ansteht. Große Planungen sind mit einem Haus voller Kinder und unter der Regie des Jugendamtes nicht möglich. Und wenn es mal hoch hergeht, denke ich an die Zeiten meines Lebens, in denen ich wirklich kurz davor war, mich selbst zu fragen, wie ich das alles schaffen sollte. In der ersten Zeit in Deutschland mit meinen pflegebedürftigen Eltern oder in Krisenzeiten, wie ich einige mit Matayo und anderen Kindern erlebte.

Ich bin davon überzeugt, dass man mit Kindern leichter zurechtkommt, wenn man geschmeidig bleibt und flexibel reagiert, anstatt auf Biegen und Brechen die Planwirtschaft zu erfüllen. Wenn ich geplant habe, dass wir einen Schneemann im Garten bauen, die Kinder aber gerade in ein Spiel vertieft sind, werde ich das nicht unterbrechen, damit sie den Schneemann bauen. Ich weiche dann von meinem Plan ab. Natürlich gibt es Pläne, die nicht geändert werden. Ich lege großen Wert auf Pünktlichkeit. Allerdings muss ich gestehen, dass das nicht immer klappt. Mit fünf Kindern, darunter zwei Kleine, das Haus verlassen – gibt es einen optimaleren Zeitpunkt für eine volle Windel, noch mal schnell Pipi machen, eine Streiterei, die Frage: »Wo ist meine Puppe?« Da reicht die akademische Viertelstunde manchmal kaum aus. Aber ich kenne einen Trick zur Beschleunigung. Er ist uralt, aber er funktioniert, solange ich ihn nicht zu oft anwende. »Ich zähle jetzt bis drei«, sage ich. Es mag verrückt klingen, doch darauf reagieren die Kinder. »Eins!« Natürlich darf man nicht lachen. Die Stimme muss ernst klingen. »Zwei!« Je nachdem, wie schnell die Kleinen wuseln, dauert die Pause. Dann das Finale »Drei!« Ja! Wir haben es geschafft! Und alle freuen sich.

Es gibt natürlich auch noch ein paar prinzipielle Maßnahmen, besonders bei jüngeren Kindern. So lasse ich sie nicht bestimmen, was sie anziehen, denn das kann länger dauern als bei Diven. Ein vierjähriges Kind kann sich nicht entscheiden. Es ist in meinen Augen nicht respektvoll, wenn man auf dessen Modegeschmack Rücksicht nimmt, sondern Zeitverschwendung. Und es überfordert die Kleinen. Bei mir legen alle Kinder am Abend zurecht, was sie am Morgen anziehen, die größeren selbstständig, die kleinen mit meiner Hilfe. Würde ich Diskussionen zulassen, würden sie den Schulbus verpassen. Bis zu einem gewissen Alter sind Kinder schlichtweg zu jung, die Tragweite ihrer Entscheidungen zu verstehen, manche brauchen länger, andere kürzer. Wenn ich sie einfach machen lasse, wenn ich sie bestimmen lasse, dann sind sie später allein mit ihrer Frustration, sich falsch entschieden zu haben. Die ganze Klasse lacht über den Pullover. Habe hingegen ich das Kleidungsstück verordnet, ist das Kind in seiner Selbstachtung geschützt; ich bin schuld an dem komischen Pullover.

Oft entdecke ich bei jungen Eltern Anzeichen dafür, dass sie ihr Kind gleichgestellt erziehen möchten. Sie träumen von demokratischen Familienverhältnissen, wollen keine Bestimmer sein. Meiner Erfahrung nach tut man einem Kind damit nichts Gutes. Es ist klein, es braucht unseren Schutz, und dazu gehört es, für das Kind zu entscheiden. »Florian, möchtest du dies oder jenes …« – das ist zu kompliziert für einen Vierjährigen, seine Entscheidungskriterien sind noch nicht ausgereift. Er ist überfordert.

Neulich waren zwei meiner Kinder und ich zu einem Geburtstag in ein Restaurant eingeladen. Ein Blick in die Karte, und es war mir klar, was ich den beiden vorschlagen würde, ich kenne sie doch. Wäre ich unsicher gewesen, hätte ich ihnen vielleicht eine Alternative gelassen – Pommes oder Kartoffelbrei. Die drei anderen Kinder am Tisch durften frei wählen. Saßen wir eine halbe Stunde oder war es eine ganze, bis sie sich entschieden hatten – sie nahmen genau das, was Papa eingangs vorgeschlagen hatte. Und der freute sich auch noch, dass sie seiner Empfehlung folgten. Natürlich, sie waren noch zu klein, um die Konsequenzen zu bedenken. Sie hören »Leber im Apfelkranz« und halten das für einen Kuchen. Sicher, man kann Gericht für Gericht erklären, Herkunft, Zubereitung und so weiter. Aber ich wollte dann schon so langsam gerne mal was essen, und meine Kinder waren auch hungrig. Zudem besteht bei der freien Wahl die Gefahr, dass ein Kind etwas bestellt, was ihm nicht schmeckt. Dann will es das nicht essen – Streit ist vorprogrammiert, und das Kind fühlt sich schlecht. Es weiß ja, dass es selbst gewählt hat, und es hat falsch gewählt, und diese Frustration kann nicht immer gut weggesteckt werden, vor allem nicht, wenn sie öfter vorkommt, da das Kind demokratisch erzogen wird.

»Magst du dein Fleisch selber schneiden, oder soll ich

dir helfen?«, kam nun die Frage von den Eltern. Natürlich wollte das Kind selber schneiden. Aber es war noch zu klein, um das zu schaffen. So etwas sollte zu Hause immer wieder geübt werden, bis das Kind wirklich sicher ist. Blamagen in der Öffentlichkeit bergen die Gefahr des Verzagens. Und so war es auch diesmal: Nachdem das Kind sehr lange und mit zunehmender Verzweiflung gesäbelt hatte, landete das Schnitzel auf dem Boden. Das Geburtstagskind weinte, die Eltern trösteten es, bestellten ein neues Schnitzel, aber Schnitzel wollte das Kind jetzt keines mehr, also was anderes. Aber was? Das Prozedere begann von vorne. Die Eltern meinen es gut in solchen Fällen, sie wollen ihr Kind respektvoll behandeln und seine Persönlichkeit akzeptieren, sie wollen nicht über es bestimmen, doch in diesem Alter ist das ihre Aufgabe, und wenn das Kind das alles selbst tun muss, ist es überfordert. Ich wünschte mir manchmal mehr Augenmaß, auch was das Gegenteil betrifft. Ein Kind, das sich zu Hause benimmt wie eine Oligarchin und keinen Finger krumm macht, ist unterfordert. »Ach«, sagen die Eltern, »die Kindheit ist so kurz. Sie soll es schön haben.« Nein, die Kindheit ist nicht kurz. Noch nie war die Kindheit so lang wie in unserer Zeit, und früher gab es sie gar nicht.

Die glückliche Kindheit ist eine Erfindung

Natürlich hat es immer Kinder gegeben, doch die Menschen aus vergangenen Zeiten haben ihre Kindheit ganz anders erlebt, als wir es heute in Deutschland kennen. Für uns symbolisiert Kindheit einen Freiraum, in dem ein kleiner Mensch spielend Erfahrungen sammeln soll.

Diese Erfahrungen sollen es ihm ermöglichen, später einen guten Platz in der Gesellschaft einzunehmen, der in Einklang mit seinen eigenen Möglichkeiten steht. Dieser Freiraum wird staatlich gefördert, es gibt Kindergärten und Schulen. Und wenn Eltern heute manchmal behaupten, früher wäre die Kindheit schöner gewesen, dann ist dieses Früher sehr kurz gedacht. Unser Verständnis von Kindheit ist historisch betrachtet noch recht jung. Erst seit dem 17. Jahrhundert hat sich diese Betrachtungsweise angebahnt, die Kindheit wurde »entdeckt«.

Im Mittelalter war die Familie eine Zweckgemeinschaft, eine emotionale Verbundenheit war hilfreich, aber nicht erforderlich für das Funktionieren. Kinder waren kleine Erwachsene, es gab keine speziellen Räume oder Schutzzonen für sie, sie liefen einfach mit und halfen mit. Erst mit der Einführung von Schulen änderte sich das allmählich, und die Eltern traten einen Teil ihrer Erziehungsaufgaben ab. Kinder konnten nun mehr lernen, als ihre Eltern wussten.

Wir haben viel geschafft, um kleinen Menschen einen guten Start zu ermöglichen. Und ist es nicht großartig, dass es bei uns ein Jugendschutzgesetz gibt und Große, die aufpassen, dass es auch eingehalten wird? Es ist mir natürlich bekannt, dass manche das Jugendamt als Bedrohung verunglimpfen. Oder dessen Eingreifen als Unverschämtheit empfinden, wie es stellenweise bei ausländischen Eltern der Fall ist. Meine Kinder sind meine Privatangelegenheit, mit denen kann ich machen, was ich will, denken manche wohl. Sprachbarrieren erschweren ein gutes Miteinander zusätzlich. Für andere bedeutet die Einmischung vor allem eine nicht hinnehmbare finanzielle Einbuße, weil sie dann kein Kindergeld mehr bekommen. Für diejenigen, mit denen ich am liebsten zusammenarbeite, ist es dagegen ein Segen. Diese Sichtweise muss ich mir aber manchmal erst erarbeiten und den zu Unrecht schlechten Ruf des Jugendamtes korrigieren. Doch auf dem Amt arbeiten wie überall sonst auch Menschen – manche sind freundlicher, mit manchen kommt man besser klar. Idealerweise bilden alle Beteiligten ein Team zum Wohl des Kindes. Ich finde, dass wir mit dem Jugendschutzgesetz im Großen und Ganzen auf einem guten Weg sind.

Darüber hinaus gibt es bei mir ein Hausgesetz, das sich im Laufe der Jahre bewährt hat. Die älteren Kinder dürfen ihre Kleidung selbst wählen, ich gebe jedoch die Temperatur vor – warm oder kalt. Beide Ausstattungen haben ein Fach im Schrank, und wenn ich warm sage, bedient man sich dort, nicht bei kalt. Und nein, das ist kein Machtspielchen, sondern eine Notwendigkeit, wenn ich fünf Kinder morgens schulfertig kriegen möchte. Wer neu zu uns kommt, muss sich daran gewöhnen, aber durch diese Regel haben wir morgens nie Stress. Für manche Kinder ist es schlimm genug, dass sie so früh aufstehen müssen. Sie sind dankbar, wenn sie sich nur auf ihre Toilette und das Frühstück konzentrieren können und nicht noch überlegen müssen, was sie an diesem Tag in der Schule alles brauchen. Das wird strikt am Vorabend bereitgelegt, und ich gehe den nächsten Tag mit jedem Kind noch einmal durch: Was steht auf dem Stundenplan, ist etwas Besonderes angesagt?

Wenn ein Kind morgens etwas sucht, helfe ich ihm prinzipiell nicht. Da wir abends alles bereitlegen, gibt es morgens nichts zu suchen. Klingt das hart? Nun, vielleicht wenn man nur ein Kind hat, bei mehreren ist es anders nicht möglich, den Zeitplan einzuhalten. Kreischen, toben, die Kinder gehen aus dem Haus, eines sucht noch etwas und rennt dann auf Socken mit den Schuhen in der Hand dem Schulbus hinterher. So etwas passiert nur einmal, und es ist wichtig, dass es einmal durchexerziert wird. Sabine musste mal mit ihrem Schlafanzugoberteil in die Schule, genauso wie Matayo. Das haben sie sich gemerkt, und es kam nie wieder vor. Die Kinder hatten nachhaltig gelernt, den Tag am Vorabend vorzubereiten und den Ablauf der Woche am Sonntag.

Außerplanmäßiges wie einen Kinobesuch mit einer Freundin muss ich lange vorbereiten. Einfacher ist es, ich bekomme Besuch, und das geschieht auch sehr oft, vor allem im Sommer, wenn wir bis zu den Sternschnuppen im Garten sitzen, und jeder macht sich zwischendurch irgendwie nützlich. Einer mäht mal schnell den Vorplatz, ein anderer repariert die Wäschespinne, ein Dritter wirft den Grill an, ein Vierter erntet ein paar Johannisbeeren und … hör ich da den Staubsauger im Wohnzimmer? Das muss Mirka sein! In solchen Momenten bin ich glücklich. Dass alles so gut klappt und wir so friedlich und fröhlich beisammen sein können.

Der Sonntag ist ein besonderer Tag, oft backen wir einen Kuchen, machen einen schönen Ausflug, und je nach Wetter dürfen die Kinder fernsehen. Nachmittags erstelle ich den Speiseplan für die kommende Woche, und auch da frage ich die Kinder nicht. Aber ich freue mich über ihre Anregungen, und wer Geburtstag hat, darf sich etwas wünschen. Da ich idealerweise nur zweimal in der Woche einkaufe, muss ich gut planen, damit ich alles im

Haus habe. Wenn das Wetter schlecht ist und wir ans Haus gefesselt sind, kochen wir gemeinsam, es findet sich für jeden eine Tätigkeit. Wer zu klein für Messer ist, wäscht den Salat. Da man dabei jedes Blättchen interessiert betrachten kann, weil jede Sekunde ein Abenteuer und ein kleines Kind Zeitmillionär ist, fange ich damit am frühen Vormittag an, um das Mittagessen pünktlich auf den Tisch zu bekommen.

»Igitt, das schmeckt mir nicht!« Den Satz habe ich schon öfter gehört. Essensgewohnheiten sind sozusagen eingefleischt, und wenn ein Kind bestimmte Gerichte nicht mag, oft weil es sie nicht kennt, bemühe ich mich anfangs, ihm entgegenzukommen. Es hat viel durchgemacht, bis es zu mir gefunden hat, da möchte ich, dass es ihm schmeckt. Liebe geht durch den Magen! Wenn es nur Reis essen möchte, dann bekommt es eben eine Weile nur Reis. Nach und nach schmuggle ich Vitamine unter. Alle anderen Kinder am Tisch essen diese komischen Sachen mit gutem Appetit – da wird der Neuzugang meistens neugierig und will mal kosten. Letztlich haben noch alle Kinder meine Küche geschätzt, sogar Härtefälle, die davor von Döner, Pizza und Burgern lebten.

Damit gesund auch schmeckt, überliste ich sie, ich schleiche Gemüse sozusagen ein, indem ich es zuerst unter die Nudelsoßen mische. Da ist dann mal eine Zucchini in der Tomatensoße, dann mal Kürbis oder Champignons. So lernen die Kinder den Geschmack dieser Gemüsesorten kennen und unterscheiden. Allmählich steigere ich die Portionen, wie auch beim Reis. Zuerst mehr Reis und weniger Gemüse, dann immer mehr Gemüse. Kurioserweise passt der Spruch »Was der Bauer nicht kennt, das isst er nicht« auch auf Kinder. Manche brauchen lang, bis sie neue Gerichte akzeptieren. Doch es hat noch immer funktioniert. Neulich hat mich ein Kind verblüfft, das vor einem Jahr noch verkündet hatte:»Ich hasse Zucchini.« Nicht mal eine Gabel voll wollte es probieren. Und mit einem Mal hörte ich:»Zucchini mag ich am allerliebsten! Vera, bei dir schmeckt es immer so gut.«

So ein Kompliment freut die Köchin!

Der Bauer muss es halt erst einmal kennenlernen, dann liebt er es auch. Die gesunde Ernährung meiner Kinder ist mir ein Herzensanliegen. Ich koche jeden Tag zweimal, weil manche mittags, andere abends nach Hause kommen, und ich möchte allen etwas Frisches anbieten.

Stundenplan einer Pflegemutter

5.45 Uhr: Aufstehen.

6.00 Uhr: Kinder wecken, Frühstück machen, Pausenbrote.

7.00 Uhr: Alle Kinder sind gewaschen, haben Zähne geputzt, sich gekämmt und angezogen, haben gefrühstückt.

Bis 7.30 Uhr: Schulbus, Fahrt zur S-Bahn, Kindergarten.

8.00 Uhr: Eine Tasse Kaffee, daneben liegt die To-do-Liste, die ich Sonntagabends erstelle und im Lauf der Woche abarbeite. Was steht heute an? Vormittags versuche ich, alle Dinge zu erledigen, bei denen ich die Kinder nicht gut beaufsichtigen kann. Ich führe Telefonate mit Behörden, bei denen ich nicht gestört werden möchte, vereinbare Arzt- und Therapietermine, Elternumgänge, kümmere mich um die sonstige Bürokratie. Wenn ein kleines Kind im Haus ist, fällt das manchmal ganz schön schwer. Da werden gern alle Register gezogen, die Pflegemutter abzulenken, es wird gequengelt und Quatsch gemacht. Kinder müssen lernen, sich alleine zu beschäftigen. Gefährlich wird es, wenn es auf einmal ganz still ist. Sobald ich nichts höre, muss ich nachschauen, was das Kind gerade anstellt. Aber dafür habe ich in den Jahren ein Gefahrenradar ausgebildet.

Um 8.30 Uhr ruft Sabine an, das Mädchen, das meinen Kater mit einer Katze verwechselte. »Alles okay, Mama? Geht es dir gut?« »Ja, alles okay, und bei dir auch?« Je nach Bedarf dauert so ein Telefonat auch ein bisschen länger.

Danach: Kurze Hunderunde, einkaufen – zurzeit in Begleitung eines Dreijährigen, der nicht in den Kindergarten geht, weil er zuerst einmal Bindung lernen soll. Es klappt ganz gut, aber das mit der Bindung nimmt er momentan noch wörtlich, er hängt wie eine Klette an mir. Ich lasse ihn gewähren, es tut ihm gut.

Mit dem Jüngsten als Assistent dauert der Haushalt natürlich länger: Aufräumen, Putzen, Wäsche, Wäsche, Wäsche. Die Waschmaschine läuft jeden Tag mindestens einmal. Zwischendurch ein Brot backen, das mache ich oft selbst. Im Sommer Gartenarbeit, Gemüsebeet – vielleicht schon etwas ernten für das Mittagessen.

Das Telefon klingelt oft. Durch die vielen Kinder ist mein Netzwerk groß. Ich halte alle Gespräche so kurz wie möglich, privat telefoniere ich nur am Abend länger, wenn die Kinder im Bett sind. Läuft im Moment eine Anbahnung, das heißt, dass ein neues Kind kommen soll oder ein »altes« zurück zu seinen Eltern oder in eine andere Pflegefamilie umzieht, gibt es sehr viele telefonische Besprechungen mit allen Beteiligten unter der Regie des Jugendamtes. Und bei alldem darf ich die Uhr nicht aus den Augen verlieren und muss wissen, wer wann nach Hause kommt. Idealerweise essen wir mittags gemeinsam. Sitzt ein essgestörtes Kind mit am Tisch, bedeutet das eine besondere Herausforderung.

Wenn es gut läuft, kann ich dem Kleinen sein Essen vorher geben und habe dann mehr Zeit für die anderen und vor allem für die Hausaufgabenbetreuung während seines Mittagsschlafes. Im Moment habe ich auch eine Erstklässlerin, die sehr viel Hilfe benötigt. Sie ist meine fünfzehnte Erstklässlerin. Das Mädchen hat in vielen Bereichen Defizite. Ich freue mich, dass sie so schnell aufgeholt hat und es gelungen ist, sie einzuschulen, doch damit das weiterhin gut läuft, lerne ich jeden Tag eine Stunde mit ihr. Und ich lerne dabei auch etwas, nämlich wie die Lernanforderungen der Schulen in den letzten Jahren gestiegen sind. Gnadenlos – für diejenigen, die sich schwertun. Da braucht es viel Unterstützung von zu Hause, um den Anschluss nicht zu verlieren. Lesen lernen klappt meiner Erfahrung nach am besten mit Singen. Und das macht dann auch noch Spaß, und wer mit Freude lernt, tut sich leichter.

Von meinen Großen, also Kindern ab der dritten Klasse, erwarte ich, dass sie ihre Hausaufgaben selbstständig machen. Die besseren Schüler helfen den schlechteren, das System hat sich bewährt. Doch zuerst einmal sitzt jeder für sich, einer in der Küche, einer im Wohnzimmer, zwei in ihrem Zimmer. So wandere ich von einem zum nächsten und stehe bei Fragen zur Verfügung, lasse mir die Hefte zeigen. Bis zur sechsten Klasse würde ich in der Schule mitkommen, dann müsste ich leider sitzen bleiben. Es ist unglaublich, was Kinder heute alles lernen. Die höheren Klassen übernimmt meine Freundin Christl. Sie gibt auch Nachhilfe bei sich zu Hause, wer das in Anspruch nimmt, fährt gleich nach der Schule zu Christl, bekommt dort ein Mittagessen, und nach einer kurzen Pause geht es los.

Nachmittags gibt es immer irgendwelche Termine. Oft Therapien, aber auch Sport, Musik, Schulveranstaltungen. Während ein Kind in Therapie ist, gehe ich mit den anderen auf den Spielplatz oder verbringe die Zeit altersentsprechend. Die Großen kümmern sich um den Hund, oder wir gehen alle zusammen spazieren, und der Dreijährige führt den Hund mit stolzgeschwellter Brust an der Leine und merkt entzückenderweise gar nicht, dass er derjenige ist, der folgt.

Zu Hause serviere ich nachmittags oft einen Obstteller. Abermals eine Gelegenheit, alle am Tisch zu versammeln. Das Abendessen habe ich am Vormittag schon vorbereitet, sodass wir gegen 18.30 Uhr essen können. Es gibt eine aufwendige und eine einfache Mahlzeit pro Tag. Unsere Abendrunde ist meistens recht lebhaft, die Kinder erzählen, was sie tagsüber erlebt haben, es wird viel gelacht, und wenn Mädchen in der Pubertät am Tisch sitzen wie zurzeit, hört das Gegacker gar nicht mehr auf. Nach dem Essen wird der Tisch gemeinsam abgeräumt, zwei Kinder teilen sich den Küchendienst, der ist im Wochenplan festgelegt.

Während ich die Kleinen ins Bett bringe, lernen die Großen manchmal noch ein bisschen, lesen sich den Stoff für den nächsten Tag durch, bereiten den folgenden Morgen selbstständig vor und schmuggeln sich dann manchmal in meine Gutenachtgeschichte. Das Herz geht mir auf, wenn sich die Vierzehnjährige mit ins Bett der Sechsjährigen kuschelt, während Pippi Langstrumpf ihren Apfelschimmel stemmt. Um 20 Uhr schlafen die Kleinen. Wenn eine Prüfung ansteht, frage ich die Große noch mal ab, dann befülle ich eine Waschmaschine, räume auf, schaue noch mal, ob alle gut versorgt sind und alles für den nächsten Morgen bereitliegt. Die Größeren lesen oder spielen – werktags gibt es selten Fernsehen, höchstens Naturfilme. Zwischen 21 und 22 Uhr beginnt die Bettruhe. Ich bin meistens noch bis 23 Uhr mit dem Haushalt beschäftigt, Wäsche aufhängen, den nächsten Tag vorbereiten, vorkochen, zwischendurch telefoniere ich vielleicht. Am Ende des Tages gehe ich noch mal mit dem Hund raus, und dann mache auch ich mich bettfertig, kuschle mich in meine Decke und freue mich auf mein Buch, das ist meine Gutenachtgeschichte. Je nach Tagesform dauert sie länger oder kürzer.

Als Abendritual habe ich davor noch die Arbeitsplatte in der Küche geputzt. Damit schließe ich den Haushalt ab, und das erfüllt mich mit Zufriedenheit. Morgen früh ist alles sauber, und ich beginne den neuen Tag in der aufgeräumten Küche. Dann weiß ich auch, wie die Nacht verlief. Vielleicht ist ein Kind zu mir gekommen, weil es schlecht geträumt oder Bauchweh hatte oder sonst etwas ist. Der große Kummer schleicht sich oft in der Nacht an. Aber wenn man zu zweit ist, wird er gleich kleiner. Und wenn jeder Tag dieselbe Struktur hat, finden die Träume immer weniger Ritzen, in denen sie sich verbergen können. Das habe ich häufig beobachtet bei meinen Kindern – je vertrauter sie mit unserer Struktur werden, je berechenbarer die Umstände und ich ihnen erscheinen, desto mehr können sie sich entspannen. Sie wissen dann, was auf sie zukommt, und das ist für Kinder, die manchmal aus sehr chaotischen Verhältnissen kommen, die reine Erholung. Irgendwann öffnen sie sich dann, und man erkennt erst so richtig, wer denn in diesem kleinen Menschlein steckt. Angst und Unsicherheit vernebeln das Wesen eines Kindes. Aber nicht nur die innere Aufgeräumtheit des Kindes ist Voraussetzung für sein Wohlgefühl, sondern eben auch die äußere Ordnung. Beide zusammen ergeben ein Ganzes.

Ordnung ist das halbe Leben

Ich habe selbst ein halbes Leben gebraucht, um das zu begreifen, aber jetzt achte ich sehr auf Ordnung. Ich muss gestehen, dass ich mich bis zum Tod meiner Mutter ein bisschen auf sie verlassen habe. Sie hat immer dafür gesorgt, dass alles an seinem Platz lag, und erst als die Dinge plötzlich Beine bekamen, wurde mir klar, wie viel meine liebe Mutter bis zum Schluss geleistet hat. Meine ersten Pflegekinder habe ich viel zu wenig in den Haushalt miteinbezogen, ich habe ihnen kaum Aufgaben übertragen oder Pläne aufgestellt wie heute, wo alle wissen: Freitags werden die Zimmer geputzt und es wird gesaugt. Die Wäsche wird täglich in den Korb im Flur gelegt, wenn er voll ist, wird er in den Waschraum getragen und so weiter. Alles ist viel einfacher, wenn wir einander helfen.

Neulich war ich bei einer Familie zu Gast, in der die Kinder in einer Stunde sicher fünfmal etwas suchten beziehungsweise suchen ließen. »Mama, weißt du, wo meine Sonnenbrille ist? Mama, hast du meine Tasche gesehen?« Gut erzogen sprang Mama auf und suchte. Das würde mir nicht in den Sinn kommen. Ordnung lernen alle meine Kinder als Erstes. Man zieht seine

Schuhe im Flur aus, dort steht ein großes Regal, in dem jedes Kind ein Fach hat für Mütze, Handschuhe, Sonnenbrille und Kram. Wenn man alles abgelegt hat, geht man als Nächstes Händewaschen. Und dann ist man angekommen. Weil ich die Regeln immer wieder erkläre und die Kinder, die schon lange da sind, sie den Neuzugängen beibringen, bleibt die Hausordnung gewahrt. Doch natürlich gibt es immer mal einen zerstreuten Professor oder eine Querulantin. Dann greift Plan B. Ich sammle alles, was nicht am richtigen Platz liegt, in einem Wäschekorb, den ich versteckt halte. »Mama, hast du meinen grünen Pulli gesehen?« – »Mama, wo ist meine Wimperntusche?« – »Mama, meine Ohrringe sind weg.« Ja, und das bleiben sie auch, bis ich den Korb freigebe. Meistens klappt das Aufräumen danach eine Weile wie am Schnürchen.

In meiner Anfangszeit als Pflegemutter wurde vom Jugendamt nicht akribisch auf den perfekt funktionierenden Haushalt geachtet, oder ich hatte Glück mit meinen Sachbearbeiterinnen. Es kam ihnen mehr auf die gute Verfassung der Kinder an als auf die des Fußbodens. Und da es meinen Kindern immer prima ging und sich auch Problemfälle schnell eingliederten, drückten die Sachbearbeiterinnen, so denke ich mir das heute, bei Wollmäusen oder Wäsche im Wohnzimmer die Augen zu.

Nach einigen Enthüllungen über ungeeignete oder sogar kriminelle Pflegeeltern gerieten manche Jugendämter in die öffentliche Kritik, und die Pflegemütter wurden unter die Lupe genommen. Bei einer solchen Überprüfung war seinerzeit aufgefallen, dass mein polizeiliches Führungszeugnis fehlte. Nun hörte ich von meiner neuen Sachbearbeiterin, dass ich gewissenhafter aufräumen müsse.

Bei ihren Hausbesuchen besprachen wir auch die Hilfepläne der Kinder – was war geplant, was wurde erreicht, was steht noch an. Diese Termine haben mir immer viel bedeutet als ein Sicherheitsnetz. Ich könnte ja einmal etwas übersehen. Hat das Kind wirklich so große Fortschritte gemacht, wie ich meine, stimmt meine Einschätzung, welche Therapien besonders förderlich waren oder ob das Kind über Schulreife verfügt? Die Sachbearbeiterin nahm es mit der Ordnung penibel genau. Das war das erste Mal, dass ich mich in der Zusammenarbeit mit dem Jugendamt ein bisschen unwohl fühlte. Heute würde ich eine solche Situation schneller klären, aber ich bin auch ein bisschen älter und klüger. Im Nachhinein bin ich dankbar, wenngleich für mich andere Werte wichtiger waren als für sie. Ich wollte so viel Zeit wie möglich mit den Kindern verbringen, anstatt sie in den Haushalt zu investieren. Mittlerweile weiß ich, dass beides funktioniert. Wenn alle im Haushalt mit anpacken, verbringen wir Zeit miteinander und haben außerdem mehr Raum für schöne Unternehmungen.

Ein zweiter wichtiger Baustein der Erziehung, der mir manchmal auch Probleme bereitet hat, betrifft das konsequente Verhalten. Wenn die Regeln nicht eingehalten werden, tanzen einem die Kinder auf dem Kopf herum. Das lehrte mich neulich mal wieder ein Dreijähriger. Ohne seinen Schnuller fühlte Leon sich wie ein halber Mensch. Da er den Schnuller ständig im Mund hatte, konnte er kaum sprechen. Er verstand aber alles. Ich sagte: »In diesem Haus gibt es den Schnuller nur zum Schlafen.«

Was für ein Schock! Als er vom Mittagsschlaf aufwach-
te, nahm ich ihm den Schnuller ab, legte ihn auf den
Schrank und versprach: »Heute Abend bekommst du
ihn wieder.«
Mit großen Augen starrte er minutenlang zum
Schrank, und irgendwie fand er sich dann in sein Schicksal. Leon akzeptierte die Regel auch noch nach zwei Wochen. Doch dann hatte Amelie einen Auftritt mit ihrem
Chor, und ihre Familie, also wir alle, saß komplett in der
ersten Reihe. Leon meinte es besonders gut. Lauthals
tönte er mit und war nicht zu beruhigen. Nicht nur die
Umsitzenden fühlten sich gestört, Leon brachte auch
Amelie aus dem Konzept. Da unterlief mir ein verhäng-
nisvoller Fehler. Anstatt mit Leon nach draußen zu gehen, schob ich ihm den Schnuller in den Mund. Ich
wollte Amelie doch sehen und hören, so sehr hatte ich
mich auf diese Veranstaltung gefreut; ich kannte alle
Lieder auswendig, so fleißig hatte Amelie geprobt. Doch
meinen Regelverstoß bezahlte ich in »Schnullerwäh-
rung«, denn nun wollte Leon seinen »Didi« wieder Tag
und Nacht, und alles ging von vorne los, nur schlimmer.
Diesmal dauerte es sechs Wochen und einige Tränen, bis
Leon die Regel, die er vorher so schnell verinnerlicht
hatte, ein zweites Mal lernte. Mir war das ebenfalls eine
Lehre.

Wenn mich Kinder zum Einkaufen begleiten, besprechen wir vorher, was sie sich aussuchen dürfen. Wenn sie
mich im Laden ständig fragen würden: Kann ich dieses
haben und jenes, würden wir ja nie fertig. Jeder darf
etwas Kleines mitnehmen, idealerweise Obst oder einen
Lieblingsjoghurt, aber wenn es sein muss, auch mal
Kaugummi. Und genau das wird gekauft, es wird nicht

umentschieden. Der komplette Einkauf wird strikt nach Liste getätigt. Viele solche Kleinigkeiten sorgen dafür, dass unser Zusammenleben harmonisch und unkomplizierter verläuft. Außerdem spare ich dadurch Zeit und komme im Alltag nicht so schnell an jene Belastungsgrenzen, von denen andere Mütter manchmal berichten. Die Grenzen, an die ich stoße, betreffen die Schicksale meiner Kinder, die mir zuweilen zu nahe gehen. Oder eine in meinen Augen fragwürdige Entscheidung des Jugendamtes ... das bringt mich an meine Grenzen. Ich atme ein paarmal tief durch und mache mir bewusst, dass mir kleine Seelen anvertraut sind. Ich habe Verantwortung für sie übernommen und werde sie nicht im Stich lassen. Es ist meine Aufgabe, mich wieder in den Griff zu kriegen, den Grenzbereich zu verlassen. Manchmal reicht es schon, wenn ich mir die Gefahr nur bewusst mache. Oder ich darf mal Dampf ablassen bei einer Freundin, einem Freund. Spazierengehen hilft auch. Und dann rennt ein Kind auf mich zu, wedelt mit einer Zeichnung »Für dich!«, oder eines schlägt sich das Knie auf und muss verarztet werden. Oder zwei haben einen Lachkrampf und stecken mich an ...

Vielleicht lebt in mir selbst ein großes Kind. Ich bin mir mit meinen mittlerweile dreiundsechzig Jahren nicht zu schade, zu basteln, Spiele zu erfinden, Quatsch zu machen, mich zu verkleiden, mir Faschingskostüme auszudenken, mit den Kindern die Welt zu entdecken, die durch ihre Augen immer wieder neu erscheint. Ich möchte meinen Kindern mindestens einen Zipfel meines eigenen großen Kinderglücks weitergeben, auch wenn das von Jahr zu Jahr schwieriger wird, weil selbst Schulkinder heute bereits gestresst sind. Mein schöner Wohnort und die Natur um uns herum helfen mir dabei,

Kinderaugen glänzen zu lassen. »Schau mal, der Schmetterling.« – »Nein, das ist ein giftiger Pilz.« – »Hast du gesehen, am Vogelhäuschen war eben ein Stieglitz.«

Birke, Eiche, Buche, Tanne, Fichte lernen die Kinder in der Schule zu bestimmen. Pflanzen und Kräuter zeige ich ihnen im Wald. Und ich höre ihnen zu. Ich bin ihr Korrektiv, ich versuche, sie auf ihr eigenständiges Leben als soziale Wesen im Verbund mit anderen vorzubereiten und sie zu lehren, Kontakte zu knüpfen, Beziehungen einzugehen, Konflikte zu lösen. Wenn ich ihnen jetzt nicht zuhöre und versuche, ihre Defizite auszugleichen, sie aufzufangen, wird es keiner mehr machen können, weil sich dieses Zeitfenster in der Entwicklung der Persönlichkeit dann geschlossen hat. Der dann erwachsene Mensch wird sich schwertun, weiterzugeben, was seine eigenen Kinder einmal dringend brauchen werden, so wie alle kleinen und großen Menschen: gesunde und kräftige Wurzeln.

Lebenslinien

Über fünf Ecken lernte ich eine Regisseurin kennen, die mich nach einem längeren Gespräch völlig unvermittelt fragte, ob ich mir vorstellen könnte, mein Leben für die Serie »Lebenslinien« des Bayerischen Rundfunks verfilmt zu sehen.

»Mein Leben?«, rief ich. »Aber das ist doch gar nichts Besonderes!«

Da lachte sie, und natürlich fiel mir dann auf, dass mein Leben ja nur für mich nichts Besonderes ist, weil ich es in- und auswendig kenne.

»Ich fände es wichtig, dass mehr Menschen etwas über den Beruf einer Pflegemutter erfahren«, sagte Constanze. Womit sie mich natürlich an der Angel hatte, weil ich das auch gerne möchte. Und so sagte ich Ja.

Wir fuhren an die Orte meiner Vergangenheit, auch nach Italien. Viele Menschen, die mich all die Jahre begleitet haben, wurden interviewt und natürlich meine beiden leiblichen Kinder. Das war eine unglaublich spannende, aufregende und auch tief berührende Zeit für mich, weil ich mein ganzes Leben noch einmal rekapitulierte. Ich sah, wie sehr meine beiden Kinder zurückgesteckt haben, besonders Amato. Und ich hörte, wie sie in einem Interview der Regisseurin sagten, dass sie das gut und wichtig und richtig finden, was ihre Mutter tut. Das kam mir vor wie ein später Segen, und ich war unglaublich stolz auf sie, dass sie es damals wie heute geschafft haben, ihre Mutter zu teilen, obwohl das ja nicht wirklich stimmt: Ich bin und bleibe ihre Mutter, und als solche brauchen sie mich nicht zu teilen.

Und so geht es weiter und weiter, und wenn ich einen Wunsch frei hätte, dann möchte ich gern noch so lange Pflegemutter sein, bis ich meine jetzigen Großen flügge gekriegt habe. Dann gewinne ich einen Campingbus bei einem Preisausschreiben und besuche alle meine in die Winde verstreuten Kinder, eins nach dem anderen und wieder von vorne. Eines Tages kehre ich nach Hause zurück, auch wenn ich noch nicht weiß, wo das sein wird. Vielleicht ziehe ich nach Italien; Gioia hat mir gesagt, dass ihre Tür für mich immer offen steht. Genauso wie meine für alle meine Kinder.

Sie kommen heute noch. Und manchmal wollen sie zum Auftanken unter einen Flügel an meine Herzseite. Und dann breiten sie ihre eigenen Schwingen aus und fliegen los mit starken Schwüngen in ihr eigenes Leben. Ich schaue ihnen noch eine Weile nach und fühle mich federleicht und froh.

Danke!

Ich danke meinem Leben, dass es mich an diesen Platz gestellt hat. Sicher gibt es Tage, an denen auch bei mir der Wurm drin ist. Die Wäsche aus dem Bad in den Flur quillt, die Spaghettisoße anbrennt, ein Mädel seine Matheprobe versaut hat und seinen Ärger darüber an mir auslässt. Wenn die fünfundzwanzigste Handydiskussion meine Geduld zum Vibrieren bringt. Dann mache ich mir eine Tasse Tee und setze mich in eine stille Ecke, atme tief durch und denke: Warum?

Warum tue ich mir das alles an?

Dabei weiß ich es doch ganz genau! Ich habe immer gewusst, wie wichtig es ist, zu kämpfen, füreinander einzustehen. Das wollte ich meinen Kindern zeigen. Und ich habe versucht, sie das Lieben zu lehren. Danke den Jugendämtern, dass sie mich meine Arbeit leben lassen.

Prof. Michael Schulte-Markwort

Familienjahre

Wie unser Leben mit Kindern gelingt

Kinder sind wunderbar. Trotzdem stellt der Alltag mit ihnen Eltern vor unzählige Entscheidungen. Der renommierte Kinder- und Jugendpsychiater Prof. Michael Schulte-Markwort zeigt in seinem Begleitbuch, wie Eltern das Familienleben aktiv gestalten – mit Kindern im Babyalter und erst recht mit Heranwachsenden. Was zählt, ist der Mut, sich über die eigene Haltung klar zu werden. Dann gelingt die Kommunikation auf Augenhöhe – und auch die Beziehung zwischen Eltern und Kind. Leicht umsetzbare Tipps helfen jeder Familie, den für sie richtigen Weg zu finden. Damit Familienjahre gelungene Jahre sind.

Prof. Michael Schulte-Markwort

Kindersorgen

Was unsere Kinder belastet und
wie wir ihnen helfen können

Professor Schulte-Markwort tut dies ganz sicher bei seinen jungen Patienten in der Uniklinik und im Kinder-
krankenhaus in Hamburg und weiß, welche Auswirkungen Zuhause, Schule und Umgebung auf Kinder und
Jugendliche haben. Anhand von Fallgeschichten erklärt
er einfühlsam und verständlich, was normal ist und wo
eine Krankheit anfängt. Der »Kinderversteher« gibt
kompetenten Rat in Alltagssituationen und bei Problemen, die im Zusammenleben mit Kindern aller Altersgruppen auftreten können: Wie motiviert man ein Kind,
das Angst hat, zur Schule zu gehen? Oder wie erreicht
man einen aggressiven Jugendlichen, den alles kaltlässt?
Thematisch umfassend und »auf Augenhöhe mit der
Kinderseele«, so das *Hamburger Abendblatt*, erklärt der
Autor, wie man kompetent und fürsorglich für seine
Kinder eintritt.

»Das ist kondensierte Erfahrung.«
Deutschlandradio Kultur

Stefan Maiwald

Chaoten-Challenge

Wie Eltern das Leben mit Teenies meistern

Pyjamapartys am Wochenende. Halb nackte Filmstars an den Wänden. Die Tür knallt zu, wenn wir uns dem Kinderzimmer auch nur nähern. Das Chaos regiert. Und jetzt müssen *wir* plötzlich *sie* nach dem WLAN-Passwort fragen: Das Leben mit pubertierenden Kindern stellt uns Mütter und Väter vor verblüffende Herausforderungen. Da gilt es, überraschend und mit Einfühlungsvermögen und Humor zu kontern. Denn wer die richtigen Überlebenstipps kennt, kommt gelassen durch diese aufreibende Zeit.

»Herrlich undogmatisch, männer- und frauenfreundlich.« *Family.de* über den Erfolgsratgeber des Autors: *Wir sind Papa!*